A BASE BÍBLICA PARA O SIONISMO CRISTÃO

A BASE BÍBLICA PARA O SIONISMO CRISTÃO

David Pawson

Anchor

Copyright © 2025 David Pawson Ministry CIO

Os direitos autorais referentes a este livro são assegurados a David Pawson, de acordo com a Lei de Direitos Autorais, Desenhos Industriais e Patentes de 1988 (Reino Unido).

Esta tradução para o português foi publicada pela primeira vez na Inglaterra, em 2025, por Anchor, nome comercial de David Pawson Publishing Ltd. Synegis House, 21 Crockhamwell Road, Woodley, Reading RG5 3LE, UK

Traduzido por Cláudia Vassão Ruggiero
Revisado por Elisabete da Fonseca

Nenhuma parte desta publicação pode ser reproduzida ou distribuída, em qualquer forma ou por quaisquer meios, sejam eles eletrônicos ou mecânicos, incluindo fotocópias e gravações, ou por qualquer sistema de armazenamento e recuperação de informações, sem autorização prévia, por escrito, da Editora.

A menos que indicado de outra forma, todas as referências das Escrituras são da Bíblia Sagrada, Nova Versão Internacional®, NVI® Copyright © 1993, 2000 by Biblica®.
Usado com permissão. Todos os direitos reservados.

PARA DOWNLOADS GRATUITOS
www.davidpawson.org

Mais informações pelo e-mail
info@davidpawsonministry.com

ISBN 978-1-917360-06-7

Printed by Ingram Spark

Sumário

	INTRODUÇÃO – *A controvérsia*	7
1	DOIS SIONISMOS	19
2	CINCO ALIANÇAS	35
3	DOIS POVOS	61
4	A TERRA PROMETIDA	79
5	A SEGUNDA VINDA	105
	CONCLUSÃO – *As consequências*	123
	APÊNDICE – *O sermão de John Stott*	131

INTRODUÇÃO
A controvérsia

SIONISMO JUDAICO
É um movimento que acontece entre o povo judeu e cujo objetivo é restabelecer uma pátria nacional em seu antigo território no Oriente Médio, crendo ser este o único porto seguro diante de um histórico ininterrupto de perseguição antissemita, um infortúnio que os tem afligido nos dois milênios de sua "diáspora", ou dispersão entre outras nações. Historicamente, começou com a *aliyá*,[1] ou imigração, dos primeiros grupos no último quarto do século 10, sob a liderança do filantropo Moses Montefiore, cuja colônia nos arredores de Jerusalém distingue-se pela construção de um grande moinho de vento. O projeto ganhou forma em um manifesto de 1896 intitulado *Der Judenstaat* ("O Estado Judeu"), do jornalista austríaco Theodor Herzl, que convocou o primeiro Congresso Sionista na Basileia, Suíça, em 1897, pois os judeus assimilados[2] da Alemanha não permitiram que fosse realizado em Munique. Na ocasião, ele previu que o Estado Judeu seria estabelecido em cinquenta anos, no máximo; ele errou por dois meses.

---

1. Esse termo aparece no último versículo das Escrituras hebraicas – 2Crônicas 36.23 – e é traduzido como "subir".
2. Nota de Tradução (N.T.): A assimilação judaica, como é conhecida, é um esforço consciente dos judeus em se tornar iguais aos povos e culturas nos quais estão inseridos.

Outra pessoa-chave foi Chaim Weizmann, o químico de Manchester que salvou a Grã-Bretanha durante a Primeira Guerra Mundial, quando seu estoque de munição estava chegando ao fim; ele produziu acetona sintética por meio da fermentação bacteriana. Sua recompensa foi a "Declaração Balfour", uma carta do Secretário de Relações Exteriores oferecendo aprovação e apoio do governo britânico, que viria a receber o encargo de governar a Palestina no acordo pós-guerra do Oriente Médio após libertá-la dos turcos.

A tentativa atroz de exterminar os judeus europeus durante a Segunda Guerra Mundial, mais conhecida como "Holocausto"[3] resultou diretamente no estabelecimento do Estado de Israel por David Ben Gurion, em 1948. Em 1967, a Cidade Velha de Jerusalém (Sião) foi reconquistada do domínio jordaniano, completando as esperanças dos judeus sionistas e tornando-se sua capital "eterna".

ANTISSIONISMO JUDAICO

Talvez seja surpresa que alguns judeus se oponham ao restabelecimento de sua terra natal ancestral, com a perspectiva de ser um porto seguro para os judeus que são oprimidos em outros locais. No entanto, a oposição existe e aparece em ambos os extremos do espectro religioso.

No extremo do judaísmo ortodoxo, eles estão convictos de que Israel só pode ser adequadamente restaurado sob o reinado do Messias, portanto devem aguardar o seu retorno, o que leva a uma atitude negacionista em relação à atual democracia secular, uma vez que a consideram indigna do nome. Essa visão extrema pode ser encontrada entre os judeus que vivem na própria Jerusalém, notavelmente no bairro ortodoxo conhecido como Mea Shearim. Eles oram pelo dia em que o Messias virá para legitimar a situação.

No extremo liberal, especialmente entre os não religiosos,

---

3. Do termo hebraico Shoá, encontrado em Isaías.

as objeções são políticas. Seu desejo é manter o *status quo*, assimilando a cultura que os rodeia o máximo que puderem. É possível que apoiem Israel, como um santuário necessário para seus familiares perseguidos, mas também que o vejam como uma ameaça à sua própria segurança, pressionando-os a emigrar. Eles também estão cientes dos problemas – tanto externos quanto internos – enfrentados pelo Estado recém-criado e desejam manter uma distância segura. O conflito no Oriente Médio afeta o mundo inteiro e pode fomentar o antissemitismo em outros lugares.

Portanto, nem todos os judeus são sionistas, mas ainda assim os judeus antissionistas são minoria.

SIONISMO CRISTÃO

É um movimento entre os gentios que creem no Messias judeu e defendem e apoiam o retorno dos judeus à sua própria terra; é a convicção de que os judeus ainda têm o direito, concedido por Deus, de estar lá e a certeza de que Deus os traria de volta para sua terra e, de fato, tem trazido, cumprindo assim suas promessas registradas nas Escrituras.

Historicamente, o sionismo cristão precedeu o sionismo judaico e foi, a princípio, resultado da Reforma Protestante no norte da Europa, que permitiu às pessoas comuns o acesso à Bíblia em sua própria língua, encorajando-as a interpretá-la por si mesmas, em vez de seguir a linha partidária oficial da igreja medieval. Uma nova apreciação do passado, do presente e do futuro de Israel era inevitável.

A Grã-Bretanha pode reivindicar ser o local de nascimento do sionismo cristão, que foi facilitado por dois grupos. Primeiro foram os pregadores. Na Inglaterra: o puritano John Owen, os irmãos Wesley, Charles Simeon de Cambridge, o bispo Ryle de Liverpool, o batista Charles Haddon Spurgeon. Na Escócia: os presbiterianos Andrew Bonar e Murray McCheyne.

Em seguida, foram os políticos, leigos bem versados nas

A BASE BÍBLICA PARA O SIONISMO CRISTÃO

Escrituras: Oliver Cromwell, William Wilberforce,[4] Lorde Shaftesbury,[5] Lorde Palmerston, Earl Balfour,[6] David Lloyd George, Winston Churchill, Harold Wilson.[7] Havia também figuras militares proeminentes, como o general Gordon de Cartum,[8] o general Allenby[9] e Orde Wingate da Birmânia.[10]

Todos esses eram cristãos sionistas, cuja convicção se baseava na Bíblia. Poucos hoje estão cientes do papel importante que a Grã-Bretanha desempenhou no renascimento do Estado de Israel.

Enquanto os turcos otomanos ocupavam a desolada e escassamente povoada Palestina, foi a instalação de um consulado britânico em Jerusalém em meados do século 19 que abriu as portas para os imigrantes judeus. Notavelmente, o consulado ocupava parte de um complexo que abrigava o edifício da primeira igreja protestante no Oriente Médio,[11] que logo teria o primeiro bispo.

Uma das maiores influências sobre Theodor Herzl foi William Hechler, capelão da Embaixada Britânica em Viena.

Então, é claro, após a Primeira Guerra Mundial, a Liga das Nações aprovou o Mandato Britânico da Palestina, tornando a Grã-Bretanha a última potência gentílica a ser responsável pela Terra Santa. Foi a renúncia a esse fardo, após tensões violentas entre judeus e árabes resultantes de obrigações incompatíveis assumidas com ambos, que levou diretamente à Declaração de Independência política de Israel.

---

4. Desempenhou um papel de liderança na abolição da escravatura.
5. Reformador industrial cujo memorial fica em Piccadilly Circus.
6. Escreveu a famosa "Declaração" assegurando ao povo judeu o apoio do governo britânico para o estabelecimento de uma pátria na Palestina.
7. Seu extenso livro, *The Chariot of Israel*, revelou sua empatia com o sionismo.
8. "Descobriu" o Calvário e o Jardim do Túmulo.
9. Libertou Jerusalém dos turcos em 1917.
10. Lançou as bases do exército israelense, insistindo que os oficiais liderassem suas tropas para a batalha, como nos tempos bíblicos.
11. A *Christ Church* ainda está lá, logo à direita do Portão de Jafa.

INTRODUÇÃO – *A controvérsia*

Portanto, os cristãos britânicos e a Grã-Bretanha como país fizeram mais do que qualquer outra nação para promover o sionismo. É, portanto, uma surpresa, para muitos um choque, que dentro da mesma nação tenha surgido uma onda de antissionismo, um ataque vociferante — alguns diriam cruel — aos cristãos sionistas.

ANTISSIONISMO CRISTÃO

A Inglaterra teve sua própria cota de antissemitismo, particularmente na Idade Média. Falsas acusações de assassinato de crianças estão por trás da construção de catedrais em Lincoln e Norwich. Todos os judeus foram banidos em 1291. Os últimos judeus de York, sitiados no castelo local, repetiram o que seus antepassados haviam feito em Massada, cometendo suicídio para evitar serem massacrados por soldados. Durante sua longa ausência, eles eram conhecidos apenas por imagens caricatas, como em *O Mercador de Veneza*, de Shakespeare. Somente na época de Cromwell, eles foram encorajados a retornar ao país, por razões econômicas, a princípio de forma ilegal, mas logo depois, legalmente.

Foi a Revolução Francesa ateísta que levou à emancipação dos judeus na Europa, o que, por sua vez, levou à tal assimilação da cultura local que poderia ter significado a extinção do povo judeu. Mas os séculos de antissemitismo religioso[12] deram lugar a um ódio racial.[13] A ascensão do nacionalismo no início do século 20 levou à pior expressão do antissemitismo da história: o Holocausto. Havia, contudo, uma ligação direta entre a solução proposta por Lutero [séculos antes] e a solução proposta por Hitler para o "problema judaico".

Mas seria o antissionismo outra forma de antissemitismo, só que político, e não religioso ou racial? Seus proponentes negam veementemente. Seria então uma absoluta coincidência o fato

---

12. A ideia de que "os judeus mataram Jesus, portanto podemos matá-los".
13. Assim como o "menos apto e a seleção natural na luta pela sobrevivência".

de haver uma onda crescente simultânea de antissemitismo na civilização ocidental, particularmente na Grã-Bretanha e nos Estados Unidos? Só podemos dizer que os antissionistas precisam ser extremamente cuidadosos para não se contaminar ou dar vazão à hostilidade para com o povo escolhido de Deus que parece latente na natureza humana caída.

No entanto, estamos falando sobre o antissionismo cristão em particular, não sobre o antissemitismo em geral. Sabe-se que o antissionismo cristão surgiu na Grã-Bretanha em meados do século 20, após a extraordinária reversão na sorte de Israel ao longo de apenas uma década, a década de 1940. De vítimas do extermínio em massa, desamparadas e desesperançadas, eles recuperaram o status de Estado nacional, agentes no cenário mundial influenciando todas as outras nações. Apesar das frequentes guerras travadas contra países vizinhos, Israel sobreviveu a terríveis adversidades, desenvolvendo, por fim, o sexto maior exército do mundo, com armas nucleares.

A compaixão mundial, fortemente influenciada pela mídia, passou dos judeus para os árabes, dos israelenses para os palestinos. Os oprimidos agora são vistos como opressores. Israel foi acusado de "racismo", "fascismo" e "apartheid"; este último pelo presidente Jimmy Carter dos EUA. As Nações Unidas aprovaram mais resoluções contra Israel do que contra qualquer outra nação.

A atenção tem se concentrado na difícil situação dos palestinos, tanto dentro quanto fora das fronteiras de Israel. Os políticos parecem ignorar o fator religioso – o antissemitismo virulento de muitos militantes islâmicos determinados a reconquistar a Palestina para o seu deus Alá –, concentrando-se em questões políticas e humanitárias.

O surpreendente é que essa mudança reflete-se e é partilhada por um número crescente de indivíduos, igrejas e organizações cristãs, da *Christian Aid* ao Conselho Mundial de Igrejas. Estariam eles apenas seguindo as opiniões do

INTRODUÇÃO – *A controvérsia*

mundo, influenciados pelo espírito que atua nos filhos da desobediência?

Todos os cristãos sabem que não devem se amoldar ao padrão deste mundo, antes, devem renovar a sua mente (Rm 12.2). O temor a Deus deve guiar suas atitudes, uma outra maneira de dizer "justificação teológica". Quatro tipos de teologia são usados para sustentar o antissionismo:

1. Teologia liberal. Com seus princípios da paternidade universal de Deus e da fraternidade entre os homens, ela é inerentemente oposta à eleição divina de uma nação em detrimento de outras – os estudiosos chamam isso de "o escândalo da particularidade". Acredita-se que, à luz do Novo Testamento, tudo isso tenha ficado para trás.
2. Teologia da substituição. A Igreja internacional substituiu o Israel nacional como o povo de Deus na terra, herdando todas as suas bênçãos prometidas, mas não suas maldições.
3. Teologia do cumprimento. Israel foi reduzido a um "remanescente" de um verdadeiro israelita na pessoa de Jesus. Nele foram cumpridas todas as promessas feitas ao povo de Israel e então estendidas a todos os que creem nele, sejam judeus ou gentios.
4. Teologia da libertação. Originando-se entre padres católicos na América Latina e hoje adotada por muitos cristãos palestinos, essa teologia vê o evangelho como a boa nova da libertação da injustiça, da miséria e da opressão, com forte ênfase nos direitos humanos.

Faremos comentários sobre isso ao longo do livro.

A onda mais forte atual de antissionismo surgiu entre os cristãos evangélicos, conhecidos por sua devoção ao estudo bíblico. Para ser mais específico, surgiu entre o clero anglicano evangélico, em nítido contraste com os pregadores e políticos dessa denominação de gerações anteriores, que já mencionamos. Três em particular precisam ser citados.

Colin Chapman colocou o antissionismo na pauta com seu livro *Whose Promised Land?*[14] Fui convidado para discutir o assunto com ele na televisão, mas o programa gravado foi um desastre e acho que nunca foi transmitido. Tínhamos muito pouco em comum.

Stephen Sizer tornou-se então o principal protagonista. Como vigário de Virginia Water, nas proximidades de Windsor, ele era relativamente desconhecido, mas ganhou notoriedade por defender o antissionismo. Sizer costumava ser um sionista fervoroso, chegando a citar meu nome como uma de suas primeiras influências! Mas inclinou-se para o extremo oposto. Eu o conheci em um simpósio sobre Israel em Londres, patrocinado pela Aliança Evangélica, e cheguei a visitá-lo em sua casa, que fica próxima à minha. Foi um encontro amigável, porém improdutivo — e tornou mais pesado meu fardo de escrever este livro.

Sizer é autor de dois livros, ambos publicados pela InterVarsity Press, que até então eu acreditava não estar associada a fortes posicionamentos sobre o assunto. O primeiro foi um livro bastante acadêmico intitulado: *Christian Zionism: Road-map to Armageddon?*[15] Uma tese, que lhe rendeu um doutorado, serviu de base para esse livro. A InterVarsity Press solicitou uma versão mais popular, "para um público mais amplo", e ele produziu *Zion's Christian Soldiers? The Bible, Israel and the Church.*[16]

---

14. 2002, sem tradução para o português [Terra Prometida de quem?, trad. livre].
15. 2004, sem tradução para o português [Sionismo cristão: um roteiro para o Armagedom?, trad. livre].
16. 2007, sem tradução para o português [Soldados cristãos de Sião? A Bíblia, Israel e a Igreja, trad. livre].

INTRODUÇÃO – *A controvérsia*

É essa publicação posterior que vou abordar, pois é mais provável que seja lida, e farei apenas referências secundárias ao volume anterior, apontando algumas diferenças bastante radicais entre os dois livros. Uma delas é a omissão de uma seção completa sobre as "Implicações Políticas", na qual Sizer acusa o sionismo cristão de militarismo declarado, levando ao derramamento de sangue, à desapropriação e à divisão. Seria essa a razão pela qual ambas as capas dos livros exibem fotografias de veículos blindados do exército israelense?

Há uma contribuição de John Stott para ambos os livros, na forma de uma recomendação na capa do primeiro e um sermão inédito no segundo. Muito mais conhecido e reverenciado por seus muitos anos de pregação bíblica, o nome de Stott, sem dúvida, acrescenta peso e garante um público maior aos escritos de Sizer.

Partilho o respeito e a gratidão de muitos evangélicos pelas fiéis e consistentes exposições bíblicas de Stott, embora tenhamos tido nossas diferenças de interpretação, especialmente sobre a natureza do inferno e o batismo no Espírito Santo. No entanto, compartilhamos uma convicção sobre a liderança masculina, embora nossas diferentes afiliações eclesiásticas nos levem a traçar a linha divisória em diferentes pontos. Seu posicionamento público e negativo sobre a questão sionista quase no fim de seu ministério é algo que me entristece.[17] Mantive meus comentários sobre seu sermão em um Apêndice, pois não era parte integrante do texto.

Sizer, contudo, é meu principal "alvo". Suas críticas são expressas em linguagem mais exasperada, não muito diferente da usada pelo Hamas, que no momento em que escrevo controla a Faixa de Gaza. Um de seus líderes declarou que, "o sionismo cristão é o maior obstáculo para a verdade, a justiça e a paz no mundo". A linguagem de Sizer em *Christian Zionism* parece partilhar dessa opinião.

---

17. Isso me lembrou da explosão antissemita final de Lutero. Por que será?

Não estou me aventurando a tratar os aspectos políticos do conflito do Oriente Médio. É um campo minado, perdoe-me o trocadilho! Considerando os acertos e os erros de ambos os lados, é muito fácil selecionar os fatos mais condizentes com as inclinações de alguém. Em todo caso, Sizer retirou a extensa seção política de seu primeiro livro da segunda versão, mais popular.

No entanto, minha principal razão para deixar esse aspecto para outras discussões é que para os cristãos, evangélicos em particular, a questão bíblica é fundamental e decisiva, quaisquer que sejam as repercussões políticas. É um caso clássico de convicções que afetam atitudes e ações. Além disso, sou um professor da Bíblia, não um político, e tenho mais experiência e uma tênue reivindicação de expertise no campo do estudo das Escrituras.

Todo autor precisa perguntar a si mesmo por que está escrevendo. A resposta define seu público-alvo e molda seu estilo. Não escrevo para acadêmicos, mas para todos os interessados no assunto e dispostos a pensar por si mesmos. O que espero alcançar?

Obviamente, meu objetivo principal é contra-atacar os argumentos de Sizer entre aqueles que o ouviram falar, leram seus livros ou simplesmente têm conhecimento de seu ataque. Confesso que minha fé até me leva a crer que o próprio Sizer será persuadido a mudar de ideia — novamente. Como um ex-sionista que me culpa, entre outros, de enganá-lo em sua posição anterior, uma reversão de seu posicionamento seria prova de intervenção sobrenatural! Mas espero que muitos dos que se impressionaram com sua apresentação ainda tenham a mente aberta o suficiente para considerar as alternativas de forma objetiva e chegar às suas próprias conclusões.

Um objetivo secundário é corrigir as visões de alguns dos meus companheiros sionistas, particularmente aqueles que abraçam a perspectiva "dispensacionalista". Eles ficarão incomodados com minha concordância com muitas das críticas

INTRODUÇÃO – *A controvérsia*

de Sizer a essa visão. Estou convencido de que a associação com o que considero erro exegético é uma desvantagem real para a causa sionista, impedindo que seus argumentos sejam ouvidos em muitos círculos eclesiásticos. Até que haja uma clara dissociação dele, a promoção do sionismo definhará, pelo menos no Reino Unido, onde o dispensacionalismo é amplamente desacreditado.

Escrevi este livro também para mim mesmo. Escrever um livro ajuda a esclarecer as próprias convicções de um autor, até mesmo repensar algumas delas. O livro também me oferece a oportunidade de apresentar minha própria posição, sobre a qual houve rumores e mal-entendidos – o próprio Sizer me classifica como um dispensacionalista! Não preciso acrescentar que não falo por mais ninguém, embora eu saiba que muitos ficarão felizes por eu ter escrito este livro.

Meu primeiro capítulo é inevitavelmente negativo. Ao romper quaisquer vínculos com o sionismo dispensacionalista, estou limpando o terreno antes de construir uma defesa positiva para o que Sizer costumava chamar de "pactual", mas que agora chamo de sionismo "clássico", com base em três das cinco alianças bíblicas. Veremos, então, o povo e a terra de Israel à luz das informações do Novo Testamento. Finalmente, olharemos para o futuro, auxiliados pelas profecias do Novo Testamento.

Agradeço desde já a sua perseverança!

1

DOIS SIONISMOS

Como já foi mencionado, Stephen Sizer escreveu dois volumes contra o sionismo, o primeiro bastante "acadêmico" em estilo, como convém a uma tese de doutorado, o segundo para um público mais amplo e, portanto, mais popular ou pelo menos um pouco mais legível. Há algumas diferenças entre os dois que talvez reflitam mudanças em sua forma de pensar. Uma notável mudança no segundo vale a pena destacar.

No primeiro livro, ele analisa cuidadosamente todas as vertentes do sionismo cristão e tabula as diferenças entre os dois tipos principais, rotulando-os de "pactual" e "dispensacionalista". Ele ainda subdivide o último em três variantes — messiânico, apocalíptico e político. As três subdivisões não são tão claras ou tão significativas quanto as duas categorias principais, que são o tema deste capítulo.

No segundo livro, o sionismo "pactual" praticamente desaparece de vista. Uma ou duas menções esparsas de sua existência passarão despercebidas pela maioria dos leitores. Em vez disso, todo o seu ataque é direcionado contra o sionismo "dispensacionalista", como se fosse o único.

Para deixar as coisas ainda mais confusas, ele passa a usar o rótulo "pactual" para embasar seu próprio posicionamento antissionista, deixando o posicionamento sionista sem nenhuma identificação. Como partilho desse ponto de vista, agora aparentemente sem nome, e estou escrevendo sobre ele, escolhi chamá-lo de sionismo "clássico", em parte porque antecedeu o dispensacionalista e em parte por ser a versão mais predominante nos círculos "tradicionais" e "ortodoxos", bem como na maioria das mensagens de pregadores e políticos citados na introdução.

Por que Sizer fez essa mudança surpreendente, transferindo um nome de algo para seu exato oposto? Ele não explica, então só podemos especular. Seria porque ele e a maioria dos evangélicos (anglicanos e outros) pertencem à escola da teologia "reformada", assim chamada em homenagem aos reformadores protestantes, Lutero e Calvino, que também é chamada de teologia "pactual"? O termo "sionismo pactual" poderia sugerir que eles estão interconectados, o que ofenderia muitos teólogos "pactualistas". Talvez eles já tenham se queixado sobre tal associação injustificada.

No entanto, acho mais provável que Sizer esteja minimizando a influência e a importância do que ele costumava chamar de sionismo "pactual" e eu agora chamo de sionismo "clássico". Talvez ele tenha sido influenciado pelo fator numérico. No mundo todo, os "clássicos" são minoria, enquanto os "dispensacionalistas" são maioria. Há também o fator geográfico, uma vez que a maioria dos clássicos está no Reino Unido, e a maioria dos dispensacionalistas, nos Estados Unidos. E Sizer tem uma preocupação particular sobre o efeito deste último grupo na política externa americana no Oriente Médio.

Ou pode ser simplesmente que nós, os clássicos, tenhamos falado e escrito muito menos, portanto não sejamos tão familiares ao público cristão. É possível até que Sizer não queira divulgar nossa perspectiva, que afirmamos ser equilibrada e bíblica — um alvo não muito fácil para os críticos!

O foco do ataque de Sizer está nos dispensacionalistas,

quase todos de outros continentes. Ele cita Cyrus Scofield,[18] Lewis Sperry Chafer, Jerry Falwell,[19] Arnold Fruchtenbaum, Tim LaHaye,[20] Pat Robertson,[21] Hal Lindsey[22] e John Hagee.[23] Surpreendentemente, o homem por trás de todos esses era britânico!

John Nelson Darby, que recebeu esse nome em homenagem ao herói naval da Inglaterra, era um pároco anglicano que trabalhava em Dublin e dedicava atenção especial aos pobres da Irlanda. No início do século 19, houve uma onda de interesse pelo que as Escrituras proféticas afirmavam sobre o futuro, possivelmente incentivada pelos perturbadores eventos políticos da época. As conferências bíblicas estudantis exploraram o assunto. Duas delas foram extremamente significativas, ambas sediadas em mansões: Powerscourt, nas Montanhas Wicklow ao sul de Dublin, promovida por Lady Powerscourt, e Albury, próximo a Guildford, em Surrey, promovida por Henry Drummond. Darby foi um dos participantes e mais tarde fundou o movimento que ficou conhecido como "The Brethren", às vezes chamado de "Irmãos de Plymouth" em homenagem a uma de suas principais bases. Outro participante foi Edward Irving, ex-ministro da Igreja Presbiteriana da Escócia, posteriormente pastor de uma próspera igreja em Londres e mais tarde fundador da hoje extinta Igreja Católica Apostólica.

Darby é amplamente considerado o criador do sistema de interpretação bíblica que veio a ser conhecido como "dispensacionalismo". Embora algumas de suas ideias já tivessem sido propostas por alguns indivíduos, tanto católicos

---

18. Sua Bíblia anotada ajudou a propagar o ensino dispensacionalista.
19. Fundador do lobby "Maioria Moral".
20. Autor da série de romances *Deixados para Trás,* que vendeu milhões de cópias.
21. Do programa Clube 700 e candidato à presidência.
22. Autor do best-seller *A Agonia do Grande Planeta Terra*.
23. Pastor da Cornerstone Church em San Antonio, Texas e provavelmente o principal sionista nos EUA.

quanto protestantes, ele certamente foi responsável por reuni-las em uma estrutura coerente e persuasiva. Também foi responsável pela ampla disseminação de sua interpretação esquemática da Bíblia. Suas visitas aos Estados Unidos resultaram na conversão de Cyrus Scofield, advogado que compilou a Bíblia Scofield com "Notas" embasadas na visão de Darby e que se tornou a versão mais popular entre os evangélicos[24] nos Estados Unidos. O Seminário de Dallas foi estabelecido especificamente sobre esse fundamento.[25]

Então, quais são as doutrinas que distinguem o "darbismo", como era apelidado antes de receber o rótulo de "dispensacionalismo", de todas as outras escolas de teologia? Devemos começar com uma frase que significou muito para Darby e embasou seu pensamento, extraída das cartas de aconselhamento de Paulo a Timóteo. Paulo exortou seu discípulo, em relação à sua pregação e ensino, a ser "um obreiro que não tem do que se envergonhar, que maneja corretamente a palavra da verdade" (2Tm 2.15). Darby fixou-se na palavra "manejar" ou "dividir",[26] na sua acepção mais simples de "desmembrar". A raiz da palavra remete à ação de abrir sulcos retos no solo e sua aplicação à exposição da Bíblia significa abrir o significado das Escrituras de forma hábil e precisa: "manusear bem, corretamente". Mas Darby usou o termo original com outro sentido e fez três divisões fundamentais.

1. Ele dividiu a história bíblica do mundo em sete períodos bem distintos, chamados de "dispensações" ou "eras". Em cada um deles há uma nova revelação do propósito de Deus e uma nova resposta é exigida da parte dos seres humanos, para a qual a graça divina é "dispensada" progressivamente.

Os dispensacionalistas estão longe de concordar com Darby

---

24. Incluindo os novos "pentecostais".
25. Hal Lindsey era um dos alunos.
26. Nota de Tradução (N.T.): A maioria das versões em português usa "manejar" ou "ensinar", mas a versão King James Fiel traduz da seguinte forma: "dividindo corretamente a palavra da verdade".

sobre o início e término de cada dispensação, embora todos acreditem que sejam sete. A primeira é unanimemente a relação de Deus com Adão e Eva antes da Queda. A sexta e a sétima são geralmente as mesmas, citadas respectivamente como a "era da Igreja"[27] e a "era do Reino".[28]

Estas duas últimas têm um efeito profundo sobre como o Novo Testamento é compreendido e aplicado. No Evangelho de Mateus, que é claramente dirigido a leitores judeus, os blocos de ensinamento sobre o reino são relacionados à sétima dispensação, tornando a ética do Sermão do Monte (capítulos 5–7) relevante principalmente para o Milênio. Os "sinais" do futuro (capítulos 24–25) são dados aos discípulos judeus, e não se espera que sejam vistos pelos cristãos. A seção central do livro do Apocalipse (capítulos 6–19), que descreve o clímax catastrófico da presente era maligna, a "Grande Tribulação", não deve preocupar os cristãos, pois eles terão deixado o mundo antes disso, de acordo com a segunda divisão feita por Darby.

2. Ele dividiu a Segunda Vinda de Cristo em duas vindas, separadas por alguns anos. Esta é provavelmente a característica mais conhecida do dispensacionalismo e o método mais rápido de identificar seus adeptos.

O dispensacionalismo afirma que a primeira Segunda Vinda é secreta, ou pelo menos privativa. O único sinal visível ao mundo será a ausência repentina de todos os verdadeiros crentes, que terão sido arrebatados para encontrar o Senhor nas nuvens e depois levados por ele para o céu. Termos especiais são aplicados a esse evento — "vinda para os santos", "a bendita esperança" e, acima de tudo, "o arrebatamento".[29]

Um adendo importante a essa noção é que as Escrituras não

---

27. O período que vai desde a primeira vinda de Jesus até a segunda, marcado principalmente pela presença gentílica.
28. Os mil anos do reinado "milenar" de Cristo, após sua Segunda Vinda, marcado principalmente pela presença judaica.
29. Da versão da Vulgata Latina de 1Tessalonicenses 4.17, que usa o verbo *rapto, raptere* para "arrebatados".

mencionam os "sinais" que precederão esse evento. Ele pode literalmente acontecer a qualquer hora, a qualquer dia, de fato, a "qualquer momento". Isso é conhecido como a doutrina do retorno "iminente" de Cristo, e reflete uma mudança radical da compreensão da esperança de todo crente, na qual o segundo advento de Cristo pode ocorrer durante a sua existência.

A segunda Segunda Vinda será absolutamente pública. O mundo inteiro estará ciente da presença de Jesus e da multidão que o acompanha, composta por todos os que já desapareceram, acrescida de todos os crentes no céu. Esse evento é conhecido como a "vinda com os seus santos", em distinção da "vinda para levar os seus santos", ocorrida antes. Eles terão escapado da terrível angústia da Grande Tribulação. O que acontecerá com os judeus enquanto isso? A resposta está na terceira divisão criada por Darby.

3. Ele criou uma divisão entre Israel e a Igreja. Ou seja, não viu continuidade entre o povo físico de Deus (todos judeus) e o povo espiritual de Deus (alguns judeus, mas com predominância de gentios). Acreditando que essa separação se estenderia para a eternidade, quando os judeus habitariam a nova terra e os cristãos o novo céu, ele os chamou de o povo de Deus da "terra" e o povo de Deus do "céu", respectivamente.

De certa forma, essa ideia se assemelha à "Teologia da Substituição", segundo a qual a Igreja ocupa agora o lugar que antes pertencia a Israel. Mas se trata, contudo, de uma condição temporária, na sexta dispensação, a "era da Igreja". Os dispensacionalistas parecem ensinar o que chamo de "substituição reversa" ou teologia da "dupla substituição". Da mesma forma como a Igreja assumiu o chamado e a missão de Israel no presente, Israel os recuperará no futuro.[30]

Essa transferência começará no "arrebatamento", quando a Igreja e o Espírito Santo, segundo certa interpretação

---

30. E está implícito que Israel completará a tarefa que a Igreja não foi capaz concluir!

de 2Tessalonicenses 2.7, forem removidos da terra. Israel então assumirá a tarefa de evangelização durante a Grande Tribulação. Será difícil ter algum êxito se o Espírito Santo tiver partido com a Igreja e não estiver aqui para convencer o mundo do pecado, da justiça e do juízo (Jo 16.8).

No entanto, a plena "restauração" de Israel virá no Milênio. Não somente terão toda a terra prometida aos seus patriarcas, "desde o ribeiro do Egito até o grande rio, o Eufrates", como também o culto será restaurado em Jerusalém, com a reconstrução do templo, a recuperação do sacerdócio e o ressurgimento do sistema sacrificial. Este último não terá nenhum efeito expiatório, mas será um "memorial" à morte de Jesus, muito semelhante à Ceia do Senhor.[31]

Por fim, Israel ocupará a nova terra e a nova Jerusalém que descerá do céu para o povo judeu, enquanto os cristãos permanecerão no novo céu.

Esse, em linhas gerais, é o esquema "dispensacionalista" das coisas. Como sempre, há variações entre seus adeptos e um movimento crescente do número de dispensacionalistas "progressistas" que assumem uma posição mais tradicional. Mas de onde veio tudo isso? "Das Escrituras", diriam eles, interpretadas literalmente, como deveria ser.

Mas nenhuma das três divisões delineadas acima pode ser encontrada na Bíblia de forma clara e simples. Não há texto algum que fale sobre sete dispensações. Tampouco um texto que afirme que Jesus retornará duas vezes. Nenhum texto faz essa distinção entre os judeus como o povo terreno de Deus e os cristãos como seu povo celestial. Então, como eles podem alegar que essas divisões são bíblicas?

A resposta é: por dedução lógica das Escrituras, usando o que se infere ou subentende. Isso, contudo, permite que a razão

---

31. Em concordância com o claro ensinamento do Novo Testamento, particularmente na carta aos Hebreus, que nega categoricamente a eficácia do sistema sacrificial à luz do sacrifício de Cristo na cruz, oferecido de uma vez por todas.

humana qualifique a revelação divina.[32] A razão humana pode sistematizar a Palavra de Deus em um "-ismo" doutrinário, que pode ser logicamente consistente em si mesmo, mas biblicamente inadequado e até mesmo impreciso. Creio que o dispensacionalismo se encaixa nessa categoria e que é um sistema enganoso de interpretação das Escrituras, por suas três divisões mencionadas acima e especialmente pela expectativa de um retorno "a qualquer momento" do Senhor para "arrebatar" os santos do mundo antes da Grande Tribulação e do eventual retorno público de Jesus, que é o aspecto mais marcante do sistema.

Antes de considerarmos os efeitos do dispensacionalismo no que chamamos de sionismo clássico, muitos dos quais serão vistos como negativos, deixe-me listar alguns resultados positivos, principalmente por meio dos desafios que se apresentam ao restante de nós no corpo de Cristo.

Primeiro, fomos desafiados a interpretar as Escrituras de forma mais literal, algo que o próprio Sizer defende. Os reformadores protestantes haviam começado essa tendência, incitando uma leitura da Bíblia de acordo com seu sentido mais claro e simples, a menos que o próprio texto indicasse o contrário e apontasse para um significado menos óbvio com linguagem simbólica ou metafórica. Mas havia um gênero de literatura bíblica que os reformadores continuaram a interpretar alegoricamente, seguindo a abordagem tradicional de muitos séculos anteriores, a saber, as profecias sobre o futuro. E portanto:

Segundo, fomos desafiados a encarar com muito mais seriedade as previsões no Antigo e do Novo Testamento. As que diziam respeito a Israel deveriam ser aplicadas a Israel e estendidas à Igreja somente se o Novo Testamento o fizesse de forma explícita. Essa era uma abordagem nova na época e levou a:

Terceiro, fomos desafiados a prestar mais atenção ao povo judeu, ainda parte dos planos e propósitos de Deus. O destino de Israel e o da Igreja estavam interligados, o acesso de ambos

---

32. Veja minhas observações iniciais no capítulo dois.

à misericórdia divina era interdependente. Isso se tornaria cada vez mais evidente no final da era atual. E significava:

Quarto, fomos desafiados a explorar a "escatologia"[33] das Escrituras. Há uma quantidade surpreendente de informações sobre eventos que ocorrem antes, durante e depois do retorno de nosso Senhor ao planeta Terra. Uma curiosidade excessiva sobre o futuro leva a conjecturas e especulações sobre o tempo e o reconhecimento de eventos e pessoas, mas descartar ou ignorar todas essas informações é uma atitude igualmente equivocada. O Senhor não nos teria dado tantos detalhes se não fossem úteis para uma vida cristã equilibrada. Isso resultou em:

Quinto, fomos desafiados a restaurar a Segunda Vinda como foco central da esperança cristã para o futuro, que tem sido relegada a segundo plano, ao contrário do que fez a igreja primitiva e foi manifesto em sua constante oração: "Maranata".[34] Na verdade, isso levantou uma questão adicional:

Sexto, fomos desafiados a reexaminar o propósito do retorno de Jesus à terra. A maioria dos cristãos, se não todos, expressa verbalmente o apoio ao fato, mas poucos pensam sobre a necessidade ou razão para isso. Por que ele retornaria? O que não pôde realizar em sua primeira visita? Quanto tempo ele precisaria ficar dessa vez? Vamos considerar essas questões no Capítulo 5.

Todos esses desafios resultaram em ganhos positivos para Igreja como um todo, embora não levassem necessariamente às mesmas conclusões dos dispensacionalistas. De modo geral, a dimensão escatológica do evangelho seria recuperada, embora o elemento do "ainda não" do reino pudesse assumir o lugar do "já". Jesus manteve o presente e o futuro em perfeito equilíbrio: suas parábolas do reino dividem-se exatamente 50/50 entre o reino inaugurado e o reino a ser consumado.

Vamos examinar o impacto do ensino dispensacionalista

---

33. Do grego *eschaton*, fim; o estudo ou a doutrina do fim dos tempos.
34. Lembrada em sua forma e significado originais aramaico/siríaco: "Senhor, vem", 1Coríntios 16.22.

no sionismo cristão, que tem sido enorme, ou avassalador, como diriam alguns. Isso é certamente verdadeiro nos Estados Unidos, e, por causa da exportação recorde de missionários evangélicos americanos, tornou-se hoje um fenômeno mundial.

Esse talvez tenha sido o resultado inevitável da grande ênfase na continuidade da importância da nação judaica no esquema dispensacionalista. Cristãos que antes consideravam os judeus como um órgão vestigial no corpo (o apêndice!), de interesse puramente histórico, hoje os consideram com um novo olhar, como indicadores das horas no relógio de Deus, o cronograma do fim do mundo, tornando Israel a nação mais relevante a ser observada.

Tudo isso indicava uma sutil mudança de ênfase no sionismo cristão que poucos notaram. O sionismo "clássico" inicial, como o chamei, associava em primeiro lugar o retorno dos judeus à terra prometida com o cumprimento das promessas do passado feitas por Deus, relegando a segundo plano o cumprimento dos propósitos divinos futuros. Agora isso se inverteria. O aspecto futuro seria predominante. Israel se tornou o precursor da contagem regressiva final da história mundial.

E foi além disso. Como o dispensacionalismo já havia decidido que todos os "sinais" explícitos do retorno do Senhor se referiam à segunda parte de seu retorno, sua aparição pública "com os santos", especialmente aqueles conectados com a Grande Tribulação, o Anticristo e o falso profeta, não haveria, portanto, sinais que apontariam para a primeira parte, seu retorno "iminente" à atmosfera da Terra, um retorno "para os santos", a fim de levá-los ao céu no "arrebatamento". Sugado para esse "vácuo" (sem sinais ou indícios) tem sido o fato de Israel ter retornado à sua própria terra, agora algo já estabelecido. Torna-se, portanto, o único sinal do "arrebatamento iminente".

Naturalmente, buscou-se nas Escrituras suporte a essa suposição. Embora de fato haja indícios indiretos de que

Jerusalém estará nas mãos dos judeus quando Jesus retornar,[35] não há uma única declaração explícita no Novo Testamento que torne o retorno do povo judeu um "sinal" da volta de Jesus. Tentativas de encontrar um sinal tornam-se inevitavelmente *eisegese* (inserir no texto algo que não está lá) dos textos bíblicos em vez de *exegese* (extrair do texto o que já está lá).

Mateus 24.32-34 é um bom exemplo disso. Depois de responder de forma clara à pergunta dos discípulos sobre os "sinais" de sua vinda, explicando quatro deles (no mundo, na Igreja, no Oriente Médio e no céu), Jesus acrescenta alguns comentários gerais com o intuito de encorajá-los a observar esses sinais. O primeiro traça um paralelo com a habilidade dos discípulos em observar os sinais sazonais na natureza, uma habilidade já existente, citando o exemplo das folhas da figueira que sinalizam que o verão está chegando. Mateus já havia extraído uma lição semelhante dos céus que ficam vermelhos à noite ou pela manhã (Mt 16.2-3). Contudo, o que para Jesus era uma simples analogia tornou-se, para os dispensacionalistas, uma alegoria. Acredita-se que, pelo fato de Israel ser às vezes comparado a uma figueira em outra passagem das Escrituras, o que é verdade, esse também deve ser o caso aqui. A figueira que floresce deve representar o renascimento do Estado de Israel! Mas não há base lógica para isso. Israel também é comparado a uma videira, mas isso não significa que qualquer outra menção a uma videira seja uma referência à nação de Israel. De qualquer modo, o registro de Lucas dessa mesma declaração inclui folhas que brotam da "figueira e de todas as árvores".[36]

Considerando que o versículo 32 é interpretado como uma alegoria para Israel, tanto o sentido como a aplicação dos dois versículos seguintes são distorcidos. "Assim também", que claramente indica uma analogia simples, "quando virem estas

---
35. Lucas 13.35, por exemplo.
36. Lucas 21.29, o que indica uma analogia geral, e não uma alegoria específica.

coisas acontecendo", uma suposta referência ao retorno de Israel, e não aos quatro principais acontecimentos mencionados anteriormente — o que leva a "asseguro que não passará esta geração", interpretado como uma referência à geração que estava viva em 1948. Isso contribuiu para uma expectativa precipitada do retorno de Jesus em nossa geração. O rabino chefe acusou recentemente os cristãos sionistas de amar os israelenses não tanto pelo que são, mas por ser um povo que "sinaliza" o fim dos tempos. Fico inclinado a perguntar: Se Jesus só retornar daqui a cem anos, o que acontecerá com nosso interesse e afeição por Israel? A decepção levaria ao desinteresse?

Os sionistas dispensacionalistas podem ser acusados de introduzir uma nota de hipocrisia em seu apoio feroz a Israel. Enquanto veementemente asseguram aos israelenses sua constante aliança e defesa, eles esperam interiormente ser "arrebatados" deste mundo a qualquer momento, deixando Israel aqui para enfrentar sozinho uma tribulação jamais vista. Alguns podem chamar isso de hipocrisia.

Além dos efeitos diretos de sua crença no "arrebatamento", há outras influências indiretas. Por observação e experiência, concluí que os dispensacionalistas são particularmente propensos a fraquezas que podem afetar qualquer sionista. Refiro-me às seguintes "tendências", ou devo chamá-las de "tentações"?

1. Tentar "consolar" o povo judeu em vez de convertê-los.[37] É possível que a associação entre o retorno iminente de Jesus e a promessa de que então, e só então, "todo o Israel será salvo" tenha encorajado as pessoas a pensar que não há muito sentido em tentar salvar os judeus agora. Ou pode ser que o desejo frenético de criar laços de amizade com Israel tenha se tornado uma prioridade tal que não deve ser ameaçado pela ofensa do evangelho. Algumas organizações que apoiam a imigração para

---

37. "Converter" no sentido de levá-los à fé salvadora em seu próprio Messias, e não de incorporá-los ao cristianismo gentílico.

Israel até esperam que não haja iniciativas para evangelizar aqueles aos quais prestam assistência. Seja como for, parece estranho que um cristão professe amor por alguém sem que deseje vê-lo salvo. Paulo nunca teria aprovado isso (Rm 9.3; 10.1; 11.14). Nem é preciso dizer que devemos conquistar o direito de pregar aos judeus, superando uma desconfiança que perdura há séculos, muitas vezes demonstrando amor sincero de maneiras práticas. De qualquer forma, deixar de buscar a salvação real dos judeus pareceria um fracasso do amor cristão.

Uma versão extrema disso é enfatizar o respeito e a tolerância ao judaísmo a ponto de aceitar que os judeus não precisam de salvação. Isso é conhecido como a teoria da "dupla aliança". Os judeus são salvos pelas "antigas" alianças e os cristãos pela "nova".[38] O diálogo substitui o evangelismo.

Após o Holocausto e à luz da opinião mundial contemporânea, Israel certamente precisa de consolo, mas, como todas as outras nações, precisa ainda mais de salvação.

2. Apoiar Israel irrestritamente ou mesmo pensar que Israel nunca age errado. O governo de Israel, contudo, não é infalível e os soldados em seu exército são capazes de cometer erros. A ânsia excessiva em apoiar Israel pode cegar os olhos para erros políticos e militares. Talvez essa seja uma reação à tendência mundial e particularmente da mídia de julgar as "atrocidades" israelenses por um padrão mais rigoroso do que os ultrajes árabes, o primeiro interpretado como a brutalidade de uma potência ocupante e o segundo como a única opção para "soldados da resistência".

Há erros em ambos os lados do conflito do Oriente Médio e é muito fácil tomar partido. Os cristãos devem ser tão objetivos e imparciais em seus julgamentos quanto o Deus que amam e adoram. O problema é que Deus conhece todos os fatos, enquanto nós, muito dependentes de uma combinação entre experiência pessoal e mídia pública, raramente vemos o quadro

---

38. Veja o Capítulo 2.

completo. Devemos, portanto, ser cautelosos antes de atribuir responsabilidade ou apoiar soluções puramente políticas, especialmente ações militares. Também precisamos analisar cuidadosamente para não tirar conclusões precipitadas de que determinados atos são injustos ou imorais, em um ambiente em que os observadores estão demasiadamente prontos para expressar tais opiniões — sobre todos, exceto sobre si mesmos!

3. Ver o conflito do Oriente Médio somente pela perspectiva religiosa. Embora os políticos pareçam ignorar a dimensão religiosa, a saber, a hostilidade entre o islamismo e o judaísmo e o ódio que muçulmanos direcionam aos judeus, os cristãos podem ir para o outro extremo, cegos às consequências humanitárias e surdos aos apelos palestinos por justiça. Não podemos ser indiferentes ao sofrimento humano, seja qual for sua origem.[39] Qualquer estado de guerra envolve dificuldades e vítimas, por mais que os combatentes tentem evitá-las.

Quem acredita na dimensão demoníaca da luta entre o bem e o mal, na existência de "principados e potestades" acima e além dos conflitos humanos (Ef 6.12), deveria saber que há forças espirituais ocultas em ação. Essa percepção deveria nos motivar a buscar estratégias e táticas de defesa e ataque mais apropriadas do que a mera ação política ou militar, que talvez nunca solucione a verdadeira situação.

Deveria ser óbvio que o islamismo hoje é uma ameaça muito maior ao cristianismo do que o comunismo no passado e até mesmo o secularismo atual, considerando que até a natureza humana caída busca preencher o "vazio que só Deus pode preencher" com alguém ou algo. Esse risco hoje é mundial. No entanto, os líderes da Igreja cada vez mais expressam simpatia e forjam alianças com líderes muçulmanos, na suposição equivocada de que as religiões monoteístas podem se unir

---

39. Os cidadãos comuns de Gaza sofrem tanto com seu novo governo quanto sofriam com a antiga ocupação israelense e os ataques retaliatórios israelenses de hoje.

minimamente em suas crenças e convicções.[40]

Mas ainda é errado ver isso como o único fator que impede a paz. Os sionistas deveriam conhecer as Escrituras proféticas um pouco melhor.

4. Ignorar os crentes na região, tanto israelenses quanto árabes, ou até desconhecer completamente sua existência. Os "peregrinos" cristãos que visitam a Terra Santa frequentemente vão e voltam sem ter conhecido sequer um crente local. Os sionistas podem ter sua própria versão dessa negligência.

Eles podem comparecer a conferências e celebrações em Jerusalém, participar de marchas diante de milhares de israelenses descrentes e ainda ter pouco ou nenhum contato com os crentes locais. Em seus primeiros anos, a Embaixada Cristã Internacional pode ter seguido esse padrão de atuação, na tentativa de não ser reconhecida como uma organização missionária. Sob a liderança atual, isso mudou radicalmente.

Dentro das fronteiras de Israel, há dezenas de milhares de crentes tanto árabes quanto israelenses, e reuniões mistas são realizadas às centenas, embora precisem ser discretas, por razões óbvias.

E então há os crentes palestinos, apesar de serem um número cada vez menor, muitos precisam fugir da oposição muçulmana e da irritação israelense com o Ocidente.[41] E eles estão profundamente divididos entre simpatizantes sionistas (congregações, pentecostais e irmandades independentes) e atitudes fortemente antissionistas (denominações tradicionais mais antigas como anglicana, católica e ortodoxa).

Todos esses são irmãos e irmãs em Cristo, todos estão sob pressão real e todos precisam e merecem nossa simpatia e apoio.

Podemos listar outras fraquezas às quais os sionistas, e os sionistas dispensacionalistas em particular, estão sujeitos: por exemplo, uma relutância em se envolver em qualquer ação

---

40. Veja meu livro: *The Challenge of Islam to Christians*, sem tradução para o português [O desafio do islã para os cristãos, trad. livre].
41. Belém já não é uma cidade "cristã".

social ou política, exceto em nome de Israel. Mas já foi dito o suficiente para demonstrar que há riscos reais associados à sua posição, dos quais alguns estão mais cientes do que outros.

Se há alguma verdade nas acusações feitas contra eles, espero que todos os sionistas que lerem isso reconheçam e resolvam corrigir suas atitudes e ações. Só peço que os antissionistas façam o mesmo com os erros expostos nos capítulos posteriores.

Enquanto isso, sou grato a Stephen Sizer por chamar nossa atenção para as críticas legítimas ao sionismo dispensacionalista. Ele prestou um serviço útil à causa sionista. Estou entre aqueles que estão convencidos de que a defesa do sionismo nunca se estenderá mais amplamente à Igreja Britânica até que sua associação com o dispensacionalismo seja firme e publicamente rompida.

Mas Sizer erra muito ao unir sionismo e dispensacionalismo, como parece fazer em seu segundo volume, deixando seus leitores sem outra escolha a não ser aceitar ou rejeitar ambos. Espero que este capítulo tenha aberto uma terceira possibilidade — de vê-los e considerá-los separadamente.

O restante deste livro é dedicado a esclarecer as noções equivocadas de Sizer sobre o que chamei de sionismo "clássico", sendo que a principal delas é sua falha em distinguir as diferentes alianças da Bíblia, algo que não se limita aos antissionistas, mas que está no cerne da sua causa, e é o que vamos abordar no próximo capítulo.

2

CINCO ALIANÇAS

Por que há diferenças tão profundas entre os professores evangélicos da Bíblia, todos os que acreditam na inspiração e autoridade das Escrituras? Para colocar a questão de outra forma, como eles podem chegar a uma variedade tão grande de interpretações e aplicações com base no mesmo texto? A resposta é dupla.

Primeiro, eles usam métodos diferentes. Já vimos um exemplo no capítulo anterior. Alguns usam as Escrituras indutivamente, construindo apenas sobre o que está explícito e claramente declarado. Chamamos isso de *exegese*,[42] trazendo para fora do texto o que está claramente lá, facilmente visto por qualquer leitor. Outros usam as Escrituras dedutivamente, construindo sobre o que eles acreditam estar implícito, o que pode ser logicamente deduzido ou inferido. O perigo dessa abordagem é que a revelação foi suplementada pela razão, o que pode levar à *eisegese*,[43] lendo no texto o que não está claramente lá nem é facilmente visto por qualquer leitor, até que ele seja ensinado a encontrar o significado proposto ali.

Segundo, eles trazem diferentes pressupostos. Todos nós

---

42. Da palavra grega *ex* = fora.
43. Da palavra grega *eis* = para dentro.

podemos fazer suposições antes de estudar as Escrituras, o que influencia o que esperamos encontrar lá — e o que não esperamos ver. Podemos vir com pré-julgamento[44] sobre o que o texto deveria dizer, em vez de vir com uma mente aberta, pronta para aceitar o que ele realmente diz. Muitos fatores estão por trás dessa complicação, da tradição aos temperamentos. Mas o mais comum é a adoção prévia do que é chamado de "teologia sistemática", geralmente baseada no método dedutivo já mencionado. É uma tentativa de encaixar toda a Bíblia em uma estrutura consistente de pensamento, vista como uma chave para desvendar sua mensagem. Tais sistemas são geralmente identificados por algum rótulo terminando em "-ismo", como "calvinismo" e "arminianismo". No livro de Sizer, ele coloca seu próprio "pactualismo" contra o "dispensacionalismo". Todos esses "ismos" esbarram em "passagens problemáticas", textos que não se encaixam facilmente no sistema!

Estudantes e professores da Bíblia precisam se conscientizar de seus próprios preconceitos e pressupostos, reconhecendo-os pelo que são e recusando-se a permitir que interfiram em sua compreensão da Palavra de Deus. Mas intelectualmente, assim como moralmente, é mais fácil notar a farpa que embaça a visão de outra pessoa do que a viga que bloqueia a sua! O objetivo deve ser sempre deixar a Bíblia falar por si mesma, descobrir seu significado original antes de aplicá-lo ao aqui e agora — o que o escritor queria dizer, como seus leitores teriam entendido e, acima de tudo, o que o Espírito Santo pretendia comunicar.

Provavelmente a questão mais crucial e fundamental de toda interpretação bíblica é esta: como os dois Testamentos, Antigo e Novo, relacionam-se entre si? Existe uma continuidade básica entre eles ou uma descontinuidade básica? Ou existe uma combinação de ambos? E se sim, como identificamos as áreas de continuidade e descontinuidade?

---

44. O mesmo que preconceito!

A variedade de respostas para essa última pergunta entre os evangélicos hoje está por trás da atual controvérsia sobre a nação de Israel, assim como em muitas outras questões. Elas podem ser identificadas por um critério simples: como a palavra "aliança" é usada.

A Bíblia, isoladamente entre todas as Escrituras "sagradas", fala de um Deus que faz alianças. Dizer que isso é espantoso seria um eufemismo! É incrível que o Criador de todo o universo faça caso de nossa existência nesta minúscula partícula de poeira interestelar e deseje ter um relacionamento pessoal conosco. Que ele, para quem as nações são uma gota d'água em um balde, coloque-se voluntariamente sob uma obrigação vinculativa com um de nós, seres humanos, é algo espantoso e digno de adoração.

Ele também é um Deus que cumpre alianças. Seu caráter o impede até mesmo de negar-se a si mesmo, contar uma mentira ou quebrar uma promessa.[45] O que é dito na cerimônia de casamento – "Farei isso" – é a frase mais frequente nos lábios de Deus em toda a Bíblia, sempre em conexão com uma aliança.

Então, quantas alianças existem na Bíblia? As respostas revelam imediatamente qual escola de interpretação ou teologia sistemática está influenciando uma abordagem das Escrituras.

UMA

A teologia "reformada", baseada nos reformadores protestantes Lutero e Calvino, é alternativamente chamada de teologia do "pacto" por causa de sua ênfase na "aliança da graça", que é uma aliança única que abrange toda a Escritura e todas as relações de Deus com os seres humanos. A ideia em si não pode ser encontrada em nenhuma passagem específica, mas é um mecanismo simples para enfatizar a verdade de que todas as iniciativas de Deus para conosco são motivadas

---

45. Isso por si só é o suficiente para nos convencer de que somos pecadores que precisam de seu perdão!

por sua graça, seu favor imerecido, independentemente de qualquer coisa que tenhamos feito ou deixado de fazer. Alguns pactualistas acrescentam uma segunda "aliança de obras", mas limitam-na ao breve período de inocência de Adão, quando seu relacionamento com Deus dependia de sua obediência à proibição divina de comer do fruto da árvore do conhecimento. Mas isso é irrelevante após a Queda, então, para todos os propósitos práticos, uma única "aliança da graça" cobre o restante da história sagrada.

Essa visão leva a uma forte ênfase na continuidade entre os Testamentos. Uma única aliança significa que Deus tem apenas um povo na terra, aqueles que foram escolhidos de acordo com a graça. "Israel" pode ser chamado de "Igreja" do Antigo Testamento, e a "Igreja" pode ser chamada de "Israel" do Novo. Os nomes são intercambiáveis, porque ambos eram fases na vida de um povo, embora um fosse formado basicamente de judeus e o outro, em grande parte, de gentios. Há muitas implicações dessa identificação em um nível prático. O domingo é o equivalente ao sábado. O batismo infantil é o equivalente à circuncisão. A Santa Ceia é o equivalente à Páscoa judaica. E assim por diante.

Suspeito que Sizer seja, no fundo, um homem de uma aliança, como a maioria dos anglicanos evangélicos deve ser, aderindo à teologia reformada dos Trinta e Nove Artigos. Ele se autodenomina um "pactualista" e ocasionalmente escorrega na frase "a aliança da graça". Mas em seu ataque aos sionistas, ele baseia suas táticas na suposição de duas alianças, respectivamente a "antiga" e a "nova", enfatizando a descontinuidade entre elas.

DUAS
Essa é possivelmente a resposta mais difundida sobre quantas alianças Deus fez. Ela foi cultivada na mente de muitos cristãos, até mesmo subconscientemente, pelos títulos enganosos dados

às duas seções de nossas Bíblias.[46] "Testamento" é mais confuso porque é sinônimo de "aliança", transmitindo assim a noção de que Deus fez apenas duas.

Sizer argumenta a partir dessa suposição e de seu corolário que, neste assunto, como em todos os outros, a "nova" substitui a "antiga". Isso está no cerne do que é chamado de "Teologia da Substituição", a ideia de que a Igreja substituiu Israel no que diz respeito às ações de Deus e até mesmo às suas afeições. Ele agrupa todas as relações de Deus com Israel como "antiga aliança", que agora está obsoleta, envelhecida e logo desaparecerá (Hb 8.13). A "nova" aliança criou um novo povo, não mais definido pela descendência física de Abraão, mas pelo assentimento espiritual a Jesus, não relacionado de forma alguma à origem étnica, mas reproduzido pelo alcance evangelístico. As promessas de uma terra física a um grupo étnico são agora, na melhor das hipóteses, uma irrelevância e, na pior, uma heresia teológica e uma ameaça política. Acredita-se que os sionistas estejam abandonando a "nova" aliança/Testamento e retornando à "antiga" aliança/Testamento.

CINCO

Na verdade, a Bíblia descreve cinco alianças distintas que Deus fez ao longo dos séculos com as pessoas na terra. Elas geralmente são conhecidas pelo nome da pessoa inicialmente envolvida, por isso são chamadas de alianças noaica, abraâmica, mosaica, davídica e messiânica. Antes de analisá-las individualmente, há dois fatos importantes sobre elas que devem ser observados.

Primeiro, todas as cinco podem ser encontradas no Antigo Testamento, e todas as cinco também podem ser encontradas no Novo Testamento! Elas não estão divididas entre si, o que

---

46. Não sei quem primeiro pensou nos dois títulos, mas não posso acreditar que eles foram inspirados pelo Espírito Santo, assim como não posso aceitar que Deus pretendia que os livros da Bíblia fossem divididos em capítulos e versículos numerados!

pode ser uma surpresa para alguns leitores.

Segundo, ainda mais significativo, apenas uma das cinco é chamada de "antiga aliança" — a "mosaica". E apenas uma delas é chamada de "nova aliança" — a "messiânica". É somente no caso dessas duas que uma substituiu a outra. As outras três continuam sendo relevantes no Novo Testamento.

Com esses dois fatos vitais firmemente fixados em nossa mente, podemos agora analisar cada uma delas em detalhes.

1. NOAICA

Foi estabelecida com Noé imediatamente após as águas do dilúvio terem baixado e foi a única aliança que Deus fez com toda a raça humana. Ele prometeu nunca mais usar esse recurso para castigar a depravação humana, acrescentando uma promessa positiva de manter o ciclo das estações na natureza enquanto a terra existisse, garantindo assim os meios de sobrevivência para todos os seres humanos por todos os tempos. A produção de alimentos depende da luz e da umidade. Quando ambos se juntam, sol e chuva, um anel colorido, o arco-íris, aparece e serve como um lembrete para o próprio Deus, e não para nós, de sua obrigação autoimposta.

Em troca, ele esperava que considerássemos a vida humana como sagrada e o assassinato como um sacrilégio, a ser punido com a execução. Embora os animais pudessem agora ser abatidos para servir de alimento, isso não deveria ser feito de forma desumana, e nenhuma parte do animal deveria ser consumida com sangue. No entanto, essa aliança não estava condicionada ao respeito pela vida — ou eu não estaria aqui para escrever isso, nem você para ler! Deus manteve a sua promessa.

2. ABRAÂMICA

Alguns afirmam que essa aliança é a mais importante de todas as cinco. É aquela na qual todas as posteriores são baseadas. Ela marca a inauguração do resgate de Deus da raça humana de si mesma, o capítulo de abertura da história da nossa redenção, que teve início com apenas um homem idoso.

Ela foi feita com Abraão depois que ele confiou exclusivamente no único Deus que existe, deixando sua confortável casa de tijolos (não estou brincando) para viver em uma tenda pelo resto de sua velhice, caminhando centenas de quilômetros para se estabelecer em uma região montanhosa a qual ele nunca tinha visto ou ouvido falar.

Esse único indivíduo mudaria o curso da história para sempre. Milhões de pessoas estão em dívida com ele, até hoje. Nações inteiras foram influenciadas. A civilização ocidental pode traçar suas origens até ele. Sua vida, ou pelo menos a última parte dela, foi de importância épica. No entanto, ele estava longe de ser perfeito. Ele chegou a mentir para salvar a própria pele, assim como qualquer outra pessoa. O que o destacou foi sua fé, sua confiança e obediência a Deus, que é considerada a característica mais importante de um bom homem aos olhos de Deus, a base de todas as outras virtudes e realizações.

Deus prometeu abençoá-lo e a seus descendentes, que seriam tão numerosos quanto a areia na praia e as estrelas no céu, embora sua esposa já tivesse passado dos anos de fertilidade. E ele lhes daria, como possessão perpétua, a terra para a qual os havia trazido. Abraão viveu para ver nascer um filho de sua velhice, mas quando morreu, ele só deixou um pequeno pedaço de terra que comprara, onde havia sepultado sua esposa. No entanto, ele "deixou" todo o país para seu filho Isaque, que por sua vez o deixou para seu neto Jacó, mais tarde chamado de "Israel", cujos doze filhos se tornariam as doze tribos e então uma nação. Deus repetiu e renovou a aliança com o filho e o neto de Abraão, até mesmo incorporando seus nomes para referir-se a si mesmo! Depois disso, ele seria conhecido, para sempre, como o "Deus de Abraão, de Isaque e de Jacó" – os pais ou "patriarcas" da nação de Israel.

Essa aliança tinha promessas internacionais e nacionais. Essa família de três gerações seria o canal de bênçãos para todas as outras famílias da terra. Mas eles seriam mediadores do mal e do bem, dependendo da atitude dos outros. Aqueles que abençoassem esse povo (com palavras e ações benéficas) desfrutariam da bênção divina. Aqueles que os amaldiçoassem (com palavras e ações maléficas) sofreriam a maldição divina. A maneira como o povo de Deus na terra é tratado importa muito para Deus no céu; faça-os sofrer e estará causando sofrimento ao próprio Deus, que por sua vez retribuirá de acordo. Ele é um Deus justo e zeloso.

Essa aliança é cheia de promessas do tipo "farei isso",[47] mas não há mandamentos do tipo "vocês deverão fazer isso" ou "vocês não devem fazer isso" atrelados a elas. É uma oferta incondicional e sem exigências. A única exigência aos descendentes de Abraão para que se qualifiquem como herdeiros das bênçãos é que eles carreguem em seu corpo a marca de identificação da circuncisão, aquela operação cirúrgica no órgão reprodutor masculino, que os liga a seus antepassados, geralmente visível apenas a Deus (Gn 17.14).

3. MOSAICA

Assim como a abraâmica, a aliança no Sinai foi firmada depois que os filhos de Israel saíram da terra em que viviam, neste último caso, como escravos. Eles também partiram em obediência, mas desta vez sua jornada para a terra prometida só foi possível graças às intervenções milagrosas do próprio Deus. Humanamente falando, sua fuga do Egito era impossível. Na festa da Páscoa, a cada ano, eles sempre se lembrariam de sua "redenção".

O primeiro aspecto a notar é que esta aliança estava relacionada à ocupação da terra prometida. Sua propriedade já havia sido definida algumas centenas de anos antes com os patriarcas. Essa foi uma aliança adicional, que não modificou em nada a anterior. Seria o mais próximo que Israel já chegou

---

47. Veja quantas vezes Deus faz uma promessa em Gênesis 12–17 (abençoarei, engrandecerei, amaldiçoarei etc.).

de ter uma constituição nacional e serviu-lhes como um extenso acervo legislativo, antecipando muitas das situações que eles encontrariam quando chegassem ao seu destino.

Incorporada aos cinco livros de Moisés, de Gênesis a Deuteronômio, chamados de "Torá" (que significa "instrução"), a maior parte refere-se a "leis", tanto as maiores (os Dez Mandamentos) quanto as menores (outras seiscentos e três), e cobre todos os aspectos da vida (dieta a vestimenta, casamento a assassinato, trabalho a adoração), sendo que há mais exigências negativas ("não farás") do que positivas ("farás").

Tudo isso aponta para o contraste mais óbvio e significativo entre as alianças abraâmica e mosaica. A primeira era praticamente incondicional (muitas promessas do tipo "farei isso" com apenas uma exigência de "vocês deverão fazer isso" relacionada ao "sinal" da circuncisão), enquanto a última era muito condicional (poucas promessas de "farei isso" com muitas exigências de "vocês deverão fazer isso"). Desta vez, a resposta do povo "nós faremos" foi muito importante (Êx 19.7-8). Em outras palavras, essa aliança está repleta da frase "se vocês" seguida por "então eu". A aliança é totalmente condicional.

Outra característica é a multiplicidade de sanções, bênçãos e maldições, recompensas e punições, sendo que tudo dependia de o povo "manter" a aliança e cumprir suas exigências, o que eles prontamente, talvez de forma precipitada, prometeram fazer ("fazer" é outra palavra-chave, usada com frequência). As punições variavam de restituição a execução [pena de morte], no caso de desobediência individual, e se manifestavam por meio de desastres naturais e da ocupação inimiga até o exílio forçado, quando falhavam em nível nacional.

4. DAVÍDICA

A única aliança que foi feita com uma pessoa, cuja promessa era uma dinastia perpétua para suceder o rei Davi, o homem "segundo o coração de Deus" que governou o reino de Israel em seu auge. Seus sucessores imediatos reinariam desde que cumprissem as exigências, dependendo do seu caminhar diante do Senhor. Mas haveria um sucessor final que ocuparia o trono permanentemente. Ele seria, é claro, um descendente físico, um "filho" de Davi da mesma "raiz de Jessé", o pai de Davi.

5. MESSIÂNICA

Como a davídica, essa aliança foi anunciada, mas não se cumpriu no período coberto pelo Antigo Testamento. Três profetas "maiores" fizeram cada um sua própria contribuição para o que estava por vir.

Jeremias revelou QUAIS seriam suas características únicas. Prometida às casas de Israel e Judá, a nação agora dividida com dez tribos no norte e duas no sul, essa "nova" aliança contrastaria com a do Sinai de duas maneiras. Primeiro, seria *interior*, as exigências humanas seriam escritas no coração, e não em pedras. Segundo, seria *individual*, lidando com "cada um" em vez de todos.

A oferta de Deus envolvia três aspectos: ele lhes daria *inclinação* para guardar suas leis, em lugar da rebelião contra elas; *um relacionamento de intimidade* consigo mesmo, e não uma relação baseada em instruções indiretas; e *inocência* baseada no perdão completo, no lugar da inibição pela culpa.

Tudo isso foi projetado para ajudar os israelitas a cumprir a sua parte da aliança, o que até então eles haviam falhado espetacularmente em fazer. Deus estava dizendo a eles que não apenas seria fiel às suas obrigações, mas também os ajudaria a cumprir as deles.

Ezequiel revelou COMO ela seria realizada. Por um lado, o *espírito humano* seria renovado, para que se tornasse mais quebrantado e sensível. Por outro lado, o *Espírito divino* do próprio Deus seria recebido, para que seu poder e pureza fossem liberados. A combinação dessas duas mudanças transformaria as fraquezas humanas que haviam sido expostas pela aliança mosaica.

Isaías revelou QUEM a realizaria. A aliança davídica aparece associada a essa "nova" aliança por meio da promessa de um "ungido".[48] Ele seria o Soberano Supremo sobre Israel e, de fato, sobre todas as nações; mas ele também teria que ser o Servo Sofredor, pagando a penalidade pelos pecados dos homens – uma morte dolorosa e humilhante – antes de ser ressuscitado dos mortos.

É claro que apenas em retrospecto podemos ver como as previsões desses três profetas se unem em uma aliança gloriosa, a final e a melhor de todas as cinco. Com ela, Deus terá feito tudo o que é necessário para salvar a nós mesmos e ao nosso meio ambiente do desastre. Ele não fará nada além disso. O resto depende da nossa resposta às iniciativas que ele tomou ao fazer tais promessas e obrigações autoimpostas.

É hora de nos voltarmos para o Novo Testamento e ver o que é dito lá sobre todas as cinco alianças. Todas as cinco são mencionadas, direta ou indiretamente, com algumas conclusões surpreendentes. Será mais fácil e provavelmente mais útil estudá-las em uma ordem bem diferente daquela que usamos com o Antigo Testamento.

MESSIÂNICA ("nova")

Não surpreende que a parte das Escrituras que chamamos de "Novo Testamento" fale especificamente da "nova" aliança. Como já observado, as palavras "testamento" e "aliança" são sinônimas, mas sua compreensão avança em três importantes direções.

Primeiro, a aliança que apenas foi anunciada no Antigo Testamento, agora foi ativada no Novo. Em sua morte, ressurreição e ascensão, Jesus, o Filho do homem e o Filho de Deus, fez tudo o que era necessário para tornar as promessas possíveis. Os pecados agora podem ser perdoados e o Espírito, derramado do céu. Essa é a essência do evangelho, as "boas

---

48. Em hebraico *Mashiach*, em grego *Christos*, em português "Cristo".

novas" a serem proclamadas em todo o mundo.

Segundo, embora esteja acessível a todos, só se tornará efetiva quando for aceita individualmente pelas pessoas. Na verdade, é uma aliança condicional, pois depende do arrependimento e da fé contínuos daqueles que a recebem. É uma oferta de salvação, liberdade da penalidade/culpa do pecado (justificação), do poder do pecado (santificação) e da presença do pecado (glorificação), mas apenas para os fiéis penitentes.

Terceiro, é verdadeiramente internacional. A inclusão de nações gentílicas não era um aspecto inteiramente novo. Pelo menos duas das alianças com Israel continham elementos internacionais, a abraâmica e a davídica. Embora essa nova aliança tenha sido oferecida "primeiro" aos judeus pelo próprio Jesus (Mt 10.5-6) e depois pelos apóstolos (Rm 1.16), ela foi rapidamente estendida aos gentios, como os profetas judeus previram (Rm 9.25-26, citando Os 2.23 e 1.10). Embora a comunidade da nova aliança sempre tenha incluído alguns judeus, ela agora inclui predominantemente gentios. No entanto, Deus planejou e prometeu que um dia alcançará Israel como um todo (Rm 11.26).

A própria palavra "nova" implica que ela segue e substitui a "antiga". Previsivelmente, o Novo Testamento chama a atenção para esse contraste, em muitas passagens nos Evangelhos e nas Epístolas.

Mas a questão-chave é: qual das cinco alianças é a "antiga"? Um estudo cuidadoso de todos os textos relevantes leva a uma resposta clara e simples.

MOSAICA

O próprio Jeremias disse isso ao prever a nova aliança: "Não será como a aliança que fiz com seus antepassados, quando os tomei pela mão para tirá-los da terra do Egito [...]" (Jr 31.32), uma referência clara aos seus ancestrais no livro do Êxodo, e não aos patriarcas em Gênesis; trata-se da aliança mosaica, e não da aliança abraâmica.

Um livro no Novo Testamento que se concentra no contraste entre "antiga" e "nova" é a carta anônima aos Hebreus. A primeira é declarada obsoleta e "o que se torna antiquado e envelhecido, está a ponto de desaparecer" (8.13). A intenção clara do escritor é persuadir os crentes judeus em Jesus a não voltarem ao judaísmo. Eles foram pressionados a fazer isso para garantir a segurança deles e de suas famílias. O cristianismo era uma religião ilegal e a perseguição já havia começado: vandalismo, agressão e prisão, mas ainda não o martírio. Roma, no entanto, havia reconhecido o judaísmo e as sinagogas eram seguras. Mas retornar ao judaísmo exigia a negação pública de que Jesus era o Messias (Cristo).

O escritor usa todos os recursos persuasivos, desde apelos sinceros até advertências severas. No entanto, seu principal argumento é que, se voltarem ao judaísmo, eles estarão trocando uma fé "melhor" por uma muito mais inferior, abrindo mão da substância pela sombra, do cumprimento pela prefiguração, de realidades celestiais pelas cópias terrenas, de um relacionamento transformador com o Filho de Deus pela veneração dos servos de Deus, sejam eles angelicais ou humanos.

O que é altamente significativo é que tudo o que esse autor descarta como ineficaz, irrelevante e até prejudicial para os judeus que creem em Jesus é encontrado na aliança mosaica, e não nas outras alianças. Surpreendentemente, ele a chama de "primeira" aliança, embora historicamente tenha sido a segunda com Israel, séculos depois da primeira, feita com Abraão. Mas para o judaísmo, tanto daquela época como de agora, a mosaica, personificada na Torá, claramente ocupa o primeiro lugar, dominando sua crença e conduta.

Em contraste, essa carta contém a afirmação mais forte da aliança abraâmica em todo o Novo Testamento, conforme veremos em breve. E o texto deixa muito claro que "antiga" não se refere a todas as alianças feitas com Israel no período coberto pelo Antigo Testamento. Duas outras características do Novo Testamento são relevantes para nossa discussão.

Uma é o ensinamento de Paulo sobre a aliança mosaica. Não foi apenas um aditamento (muito) posterior à abraâmica, não alterando nenhuma de suas disposições. Foi um aditamento temporário, em contraste com o caráter permanente da aliança que a precedeu. Foi um elemento vital para preparar o povo de Israel para a vinda do seu Messias, após a qual ela se tornaria obsoleta (Gl 3.19).

A outra é a grande controvérsia da igreja primitiva sobre a circuncisão. Embora fosse um sinal da aliança abraâmica, o debate se concentrava na mosaica. Paulo nunca criticou a continuidade dessa prática entre os descendentes de Abraão na carne – um ponto que muitos ignoram. Ele até mesmo defendeu a prática no caso de evangelistas que trabalhavam entre os judeus (At 16.3). Mas ele lutou muito e arduamente pela liberdade de seus convertidos entre os gentios, para que não cedessem à pressão dos judaizantes, que exigiam que se submetessem a esse rito. Eles eram filhos de Abraão pela fé, herdando a bênção prometida a todas as famílias da terra. Por que Paulo foi tão inflexível, então, em se opor a esse "sinal" abraâmico? Não foi porque o batismo o havia substituído – ninguém sequer pensou em dizer isso. Foi porque os vincularia à aliança mosaica (Gl 5.3). Acima de tudo, roubaria a "nova" aliança de sua abrangência universal, tornando-a uma promessa nacional, até mesmo étnica, exigindo identificação com Abraão não apenas em fé, mas também em carne.

A ênfase geral do Novo Testamento sobre os crentes não estarem "sob a lei" e estarem "livres da lei" se refere claramente à legislação mosaica, que é um conjunto de decretos cerimoniais, civis e morais, próprio de um Estado teocrático que cuida dos três aspectos. Mas a lei é uma unidade completa, cujos elementos são mutuamente interdependentes, de forma que transgredir qualquer parte da lei significa quebrar toda a lei (Mt 5.19; Gl 3.10; Tg 2.10).

Tem sido uma tentação constante para a Igreja colocar os cristãos de volta sob a aliança mosaica. Na igreja primitiva, isso pode ter acontecido pelo fato de que o cânon (regra) do Antigo Testamento estava completo e foi usado como suas primeiras "Escrituras"; o cânon do Novo Testamento levou tempo para ser avaliado, reunido e aprovado. Muitas vezes isso ocorre porque aplicamos indiscriminadamente ambos os Testamentos, sem discernir as exigências no contexto de determinada aliança.

Considere a divisão generalizada entre sacerdote e povo, clero e leigos, ministério profissional e amador — diretamente da "antiga" aliança. Adicione altares, vestimentas e incenso – uma evocação da cultura do tabernáculo e do templo. No extremo oposto do espectro denominacional, dízimos e ofertas são obrigatórios, incluindo a bênção que acompanha a prática (Ml 3.10), mas desconsiderando a maldição que acompanha a inobservância da prática (Ml 3.9), embora ambos pertençam à "antiga". Na "nova", Deus só aceita o que as pessoas querem dar (2Co 9.7), cuja motivação vem da gratidão pela graça recebida.

Mas e os "Dez Mandamentos", frequentemente adornando as paredes da igreja ao lado da Oração do Pai Nosso e do Credo apostólico? Certamente essa porção do "antigo" sobrevive no "novo", mesmo que o restante da legislação mosaica seja descartado?

Deixe-me declarar imediatamente que a nova aliança não está desprovida de leis. Alguns enfatizaram tanto a graça livre que caíram no erro do "antinomianismo".[49] As partes na nova aliança estão sob a lei de Cristo, não a lei de Moisés. Colocando de outra forma, eles estão sujeitos à reinterpretação de Jesus desta última. E ele reafirma nove dos Dez Mandamentos, dando ao sexto e sétimo (assassinato e adultério) uma aplicação muito mais rigorosa à atitude interior, bem como à prática exterior. Os crentes gentios são livres para escolher se observam o quarto (sábado) ou não (Rm 14.5) e são avisados sobre os perigos de fazê-lo (Cl 2.16)! Acima de tudo, o amor

---

49. Ilegalidade, com base na palavra grega *nomos* = lei.

derramado nos corações da nova aliança pelo Espírito Santo dado a eles (Rm 5.5) fará com que cumpram a lei sem que nada seja dito (Rm 13.10), que é precisamente o que Jeremias quis dizer (31.33).

Já dissemos mais do que o suficiente para mostrar que a aliança mosaica é revogada e cumprida na messiânica. Não é mais um componente necessário no relacionamento entre Deus e seu povo. A "nova" substituiu a "antiga". Essa é a "teologia da substituição" verdadeiramente bíblica. No entanto, isso não quer dizer que o "povo da nova aliança", a Igreja, tenha substituído o "povo da antiga aliança", Israel. Isso só seria o caso se todas as alianças do Antigo Testamento fossem descartadas como "antigas", o que simplesmente não é o caso. Restam três. Como o Novo Testamento as trata?

NOAICA

Não conheço ninguém que tenha afirmado seriamente que essa aliança tenha sido substituída pela nova aliança. O fato de os seres humanos ainda estarem aqui na terra é suficiente para confirmar sua validade permanente. Jesus virtualmente confirmou isso no Sermão do Monte, quando destacou que o nosso Pai no céu faz o sol nascer sobre os maus e os bons, e envia chuva sobre os justos e os injustos (Mt 5.45), indicando uma aliança incondicional independente do comportamento humano. Quando o sol e a chuva se juntam, surge um arco-íris no céu, lembrando a Deus, e não a nós, de sua obrigação autoimposta.

No entanto, essa aliança era única, a única feita com toda a raça humana. E as outras duas alianças no Antigo Testamento, ambas relacionadas ao povo de Israel?

ABRAÂMICA

Abraão é uma figura de destaque no Novo Testamento. Seu nome aparece quase cinquenta vezes. Tanto Mateus quanto Lucas o incluem na genealogia de Jesus, embora Mateus, escrevendo para leitores judeus, comece em Abraão, enquanto

Lucas, escrevendo para gentios, comece a árvore genealógica em Adão, enfatizando suas raízes comuns com a humanidade. Logo no início da história do evangelho, no que os estudiosos chamam de "as narrativas do nascimento", lemos que Maria, a mãe de Jesus, e Zacarias, o pai de João Batista, louvaram a Deus por "lembrar-se de sua aliança" com Abraão (Lc 1.54-55, 72-73). É exatamente a mesma linguagem usada quando Deus interveio para resgatar seu povo da escravidão no Egito (Êx 2.24) e sinaliza uma segunda "redenção" de seu povo Israel, desta vez de seus pecados.[50]

Jesus fez algumas referências marcantes a Abraão durante seu ministério público. Ele afirmou que ainda estava vivo (Mc 12.27); que eles eram contemporâneos, que encontraram-se durante suas vidas na terra (Jo 8.56-58). Simplificando, se a nova aliança que Jesus estabeleceria por sua morte (Lc 22.20) anulasse ou mesmo alterasse de alguma forma a abraâmica, Jesus poderia e deveria ter informado Abraão sobre a mudança. Não há registro de que ele tenha feito isso ou mesmo precisasse fazê-lo.

Já notamos o aspecto duplo dessa aliança feita dois milênios antes, beneficiando tanto seus descendentes que compartilham a linhagem (circuncisão da carne) quanto seus filhos entre as nações que compartilham a fé. Não surpreende que o Novo Testamento se concentre nessa última "descendência". As promessas dessa aliança incluíam o plano de Deus de fazê-lo "pai de muitas nações" (Gn 15.5; 17.5, citado em Rm 4.17-18). Em um sentido real, ele herdaria "o mundo" (Rm 4.13).

É um grande erro supor que a ênfase no aspecto internacional excluiu o nacional. É um caso clássico de "tanto um quanto outro", em vez de "um ou outro". Abraão é pai de uma nação (judaica) e de muitas nações (gentílicas). E para a justiça imputada que traz salvação, tanto "uma nação" quanto

---

50. Observe o significado do nome de Jesus em hebraico (Yeshua) e a associação ao "seu povo": "[...]você deverá dar-lhe o nome de Jesus, pois ele salvará o seu povo dos seus pecados" (Mt 1.21).

"as muitas nações" precisam compartilhar a fé de Abraão "plenamente persuadidos de que Deus tinha poder para fazer o que prometeu" (Rm 4.21).[51]

Para Paulo, "Israel" permaneceu como um grupo étnico único aos olhos de Deus, como veremos no próximo capítulo. Eles sempre serão "amados por causa dos patriarcas" (Rm 11.28), com quem essa aliança fundamental foi feita. Os benefícios decorrentes da sua observância eram tão "irrevogáveis" quanto as promessas de Deus (11.29).

Nenhum escritor do Novo Testamento expõe a validade permanente de toda a aliança abraâmica tão clara ou enfaticamente quanto o autor anônimo da epístola aos Hebreus; a mesma carta que declara a aliança mosaica obsoleta! Em uma passagem crucial (6.13-18), ele aponta para a oficialização das promessas da aliança mediante a confirmação com juramento. Os homens juram por alguém maior do que eles, pedindo que [Deus] os mate se estiverem mentindo ou se quebrarem uma promessa, voltando atrás em sua palavra. O juramento usual é: "Por Deus, farei...". Como não há ninguém maior do que Deus para Deus invocar como testemunha, ele tem que jurar por si mesmo: "Por mim mesmo, eu jurei". Tais juramentos divinos não são frequentes nas Escrituras e tornam-se ainda mais impressionantes por sua raridade.

O fato é que Deus, por seu próprio caráter, é incapaz de mentir, então qualquer declaração que ele faz é absolutamente verdadeira e totalmente confiável, mesmo sem jurar. Ele apenas adiciona um juramento para sensibilizar os ouvintes de que ele está falando sério.[52] No caso de seu juramento a Abraão, "Querendo mostrar de forma bem clara a natureza imutável do seu propósito para com os herdeiros da promessa [...]" (6.17). Observe a palavra "imutável".

O escritor continua apontando as implicações para seus

---

51. Leia todo o capítulo 4 de Romanos com muito cuidado.
52. Os cristãos são proibidos de jurar; eles devem simplesmente falar a verdade e ser confiáveis para cumpri-la; Mateus 5.33-37.

leitores e as apresenta de forma bem simples. É precisamente porque Deus ratificou e aplicou de forma consistente suas promessas a Abraão que nós hoje, assim como eles fizeram, podemos confiar plenamente no que Deus prometeu e depositar a nossa esperança para o futuro em sua Palavra. Por uma perspectiva negativa, se ele renegou qualquer parte de sua aliança com Abraão, jamais poderíamos ter certeza de que a nova aliança é mais confiável. Questionar uma, seria desacreditar a outra. Aqueles que afirmam que houve mudança em qualquer item da aliança de Deus com Abraão[53] precisam ser avisados de que estão minando a confiança dos crentes.

DAVÍDICA

O nome "Davi" ocorre quarenta vezes no Novo Testamento, frequentemente como parte de um dos títulos de Jesus: "Filho de Davi". Efetivamente, as genealogias apresentadas por Mateus e Lucas destacam que Jesus era descendente do grande rei de Israel.[54]

"Rei dos judeus" foi outro título dado a Jesus em seu nascimento (Mt 2.2), bem como em sua morte (Jo 19.19). Um detalhe bastante significativo também é encontrado nos relatos do seu nascimento. Ao aparecer diante de Maria, em Nazaré, com o surpreendente anúncio sobre a concepção virginal do Filho do Altíssimo, Gabriel fez também a promessa: "[...] O Senhor Deus lhe dará o trono de seu pai Davi, e ele reinará para sempre sobre o povo de Jacó [...]" (Lc 1.32-33). O trono de Davi estava na terra, em Jerusalém, e ele governava sobre uma nação, Israel. Gabriel teria se confundido? Era uma mensagem falsa, que logo se comprovaria ultrapassada e enganosa? É o que pressupõem aqueles que afirmam que Jesus

---

53. Por exemplo, que "uma terra" se tornou "o mundo".
54. Mateus expressa isso de forma sutil ao dividir a árvore genealógica em três grupos de quatorze gerações, sendo quatorze o valor numérico das letras hebraicas no nome "David", um método interpretativo hebraico que atribui números a cada letra hebraica; por exemplo: A=1, B=2, C=3, etc.

nunca pretendeu fazer tal coisa, que ele veio para trazer um reino espiritual, não político.

Ao longo do ministério público de Jesus, os necessitados o chamavam de "Filho de Davi", revelando sua crença de que ele era o rei messiânico que há muito tempo esperavam. A esperança daquelas pessoas era que Jesus restaurasse sua nação às glórias do passado. Na entrada de Jesus em Jerusalém, a recepção com gritos de *Hoshaná*[55] elevou aquela esperança ao auge, apenas para ser lançada ao chão em questão de dias, quando Jesus foi executado como um criminoso comum e sepultado fora da cidade. Nenhum lamento foi mais pungente do que "nós esperávamos que era ele que ia trazer a redenção a Israel" (Lc 24.21). A decepção não foi apenas com Jesus. Foi com o próprio Deus, cujas promessas por meio dos profetas pareciam ter sido adiadas indefinidamente.

A ressurreição mudou tudo isso. O triunfo substituiu a tragédia. Nem tudo estava perdido. Tudo se tornou possível novamente. O pessimismo foi substituído pelo otimismo. O desespero deu lugar à confiança. As esperanças foram reacendidas. Entre elas, inevitavelmente, estava o anseio nacional por independência política, com esse "Filho de Davi", vitorioso sobre aqueles que tentaram destruí-lo, até mesmo sobre a própria morte, de volta ao trono de Davi, na capital de Davi, Jerusalém, e reinando sobre o povo de Davi para sempre, como Deus havia prometido.

Mas isso não aconteceu. Depois de passar dois meses com seus discípulos, ensinando-os sobre "o Reino de Deus" (At 1.3), Jesus revelou sua intenção de deixar a terra e retornar para casa, para seu Pai no céu, como se sua obra estivesse concluída e ele tivesse feito tudo o que viera fazer. Para seus seguidores mais próximos, todos judeus, isso foi uma grande surpresa, o que explica a última pergunta que lhe fizeram antes de partir: "Senhor, é neste tempo que vais restaurar o reino a

---

55. Significa "Salva-nos agora".

Israel?" (At 1.6).

A resposta de Jesus é absolutamente crucial. Interpretações radicalmente diferentes levaram tanto a posições sionistas quanto antissionistas. Devemos nos dedicar ao estudo cuidadoso da última conversa antes de sua ascensão. Muita coisa depende do nosso entendimento. Há duas opiniões muito diferentes, fortemente opostas uma à outra, representando uma profunda divisão entre os cristãos que creem na Bíblia e afetando profundamente sua esperança para o futuro.

De um lado estão os que acreditam que a pergunta em si foi indevida, revelando ignorância e preconceito, bem como uma gigantesca falta de compreensão em relação ao que Jesus vinha pacientemente ensinando nas semanas anteriores. E a sua resposta foi deliberadamente evasiva e obtusa, trazendo implícita uma repreensão pela pergunta tão inapropriada, até mesmo tola. Jesus não tinha intenção alguma de se tornar rei na terra, tampouco de governar o Estado de Israel. Ele veio trazer um reino espiritual que "não era deste mundo"; não seria estabelecido ou defendido pela força física, pois era "de outro lugar" (Jo 18.36). Apesar do ensinamento e do exemplo de Jesus, os discípulos ainda estavam pensando em termos terrenos, como no jardim do Getsêmani, quando Pedro tentou defender seu mestre com a espada. O povo procurava um conquistador que os livrasse de séculos de ocupação militar (síria, egípcia, grega e agora romana, desde o retorno do exílio na Babilônia), restaurando sua autonomia política com uma monarquia e território próprios. Jesus não demonstrava interesse em tais expectativas. Ele deve ter ficado desapontado, se não consternado, que seus discípulos, após três anos de treinamento, ainda ansiassem pela concretização de tais ideias.

Jesus respondeu: "Não lhes compete saber os tempos ou as datas que o Pai estabeleceu pela sua própria autoridade. Mas receberão poder quando o Espírito Santo descer sobre vocês, e serão minhas testemunhas em Jerusalém, em toda a Judeia e Samaria, e até os confins da terra" (At 1.7-8). As palavras sugerem um tom de impaciência e repreensão. Ele está redirecionando a atenção dos discípulos para a verdadeira atividade do "reino": espalhar para o mundo inteiro a verdade sobre Jesus, começando por onde estavam. O plano era evangelismo, não nacionalismo.

Esse é o argumento de um dos grupos. Creio que o apresentei de forma justa e precisa, embora seja mais difícil escrever quando discordamos da ideia. Para mim, essa interpretação é uma distorção de ambos os lados da conversa, por isso peço ao leitor que considere uma abordagem alternativa.

Qualquer professor sabe que toda pergunta se baseia em suposições. Se estas forem adequadas, uma resposta direta pode ser dada imediatamente; se alguma das suposições for falsa, deve ser corrigida antes que a pergunta seja respondida. O exemplo clássico é: "Você parou de bater em sua esposa?" Um simples "Sim" ou "Não" indica que a pressuposição por trás da pergunta foi aceita — que a esposa foi agredida, no passado, e talvez ainda seja hoje. Jesus foi o maior mestre que já existiu e costumava desafiar a presunção por trás de uma pergunta, muitas vezes devolvendo outra pergunta.[56]

Por trás da pergunta dos discípulos havia uma série de suposições importantes, que podem ser listadas da seguinte forma:

1. Israel tinha um reino.
2. Israel perdeu o reino.
3. Foi prometido a Israel que esse reino seria restaurado.
4. Jesus pode restaurá-lo.
5. Jesus vai restaurá-lo.

Eles estavam bastante seguros a respeito dessas suposições, tomando-as como certas. Sua única incerteza era sobre o momento, daí a pergunta, um simples "quando?", "neste tempo?"

É surpreendente que Jesus não tenha contestado nenhuma

---

56. Mateus 19.17 é um exemplo típico.

daquelas suposições, sequer as tenha corrigido. Não houve uma pergunta de volta — "De onde vocês tiraram essa ideia?" Nenhuma repreensão — "Mas que pergunta tola!" Nenhum sinal de impaciência — "Estou com vocês há tanto tempo e vocês ainda não entenderam?" Apenas uma resposta direta para uma pergunta simples — "O Pai já decidiu (marcou) a data para isso, mas não é benéfico nem necessário que vocês saibam quando será; há outra tarefa a ser cumprida antes que isso aconteça". Em outras palavras, Jesus considerou perfeitamente válida a pergunta e todas as suposições por trás dela e respondeu de acordo, embora não tenha saciado a curiosidade deles.

Talvez a pergunta dos discípulos seja mais complexa do que vimos até agora. Por que dizer: "neste tempo"? Um simples "quando?" teria sido suficiente, como em outras ocasiões em que eles questionaram o futuro. Por que a ênfase em "neste tempo", e não apenas "agora"? O contexto pode explicar a inusitada formulação. Os discípulos agora lembravam-se e criam nos ensinamentos de Jesus; eles sabiam que Jesus viera do céu e logo voltaria para lá. Também sabiam que ele havia prometido fazer uma segunda visita à terra para concluir o que havia iniciado em sua primeira vinda. Talvez eles estivessem indagando se a restauração do reino a Israel ocorreria nesse seu primeiro advento ou apenas no segundo? Ou seja, "desta vez" ou da próxima? Minha interpretação da resposta de Jesus não depende dessa sugestão, tampouco posso ser dogmático sobre isso, mas a apresento como uma possibilidade real.

Deixe-me apresentar a interpretação que faço de todo o incidente, colocando-o na forma de uma simples parábola ou paralelo:

Certo dia, próximo ao Natal, dois meninos perguntaram à mãe: "Quando o papai vai nos levar ao teatro, antes ou depois do dia de Natal? Ele prometeu!" A mãe respondeu: "Ele colocou uma data na agenda, mas está guardando segredo, então vocês precisam esperar para ver. Enquanto isso, ele quer que vocês me ajudem a levar presentes para crianças pobres que normalmente não ganham nenhum presente". Mais tarde, os dois meninos discutiram o que a mãe havia dito. Um deles tinha certeza de que ela estava tentando encobrir algo: "Ela está tentando nos desencorajar porque o papai mudou de ideia. Ele não vai nos levar ao teatro de jeito nenhum. Se eu o conheço bem, aposto que vai nos arrastar para aquele museu antigo de que ele sempre fala". O outro disse: "Eu confio no papai. Ele sempre cumpre suas promessas. Ele deve ter um bom motivo para não nos dizer a data. Vou ajudar a mamãe com aqueles presentes". Então, qual menino estava certo? Só o tempo diria, mas um deles tinha fé, "a certeza daquilo que esperamos". Não é preciso dizer mais nada!

Deixando essa passagem, vamos adiante, percorrendo o Novo Testamento. Em outro evento crucial, o Concílio de Jerusalém precisou lidar com a questão vital da afluência dos gentios: eles precisariam se converter ao judaísmo para seguir Jesus, o Messias judeu? (At 15). Um dos fatores que resolveram a disputa foi recorrer às Escrituras, especificamente a uma profecia de Amós (9.11-12). A principal razão pela qual o apóstolo Tiago, que presidia a reunião, usou essa citação foi sua previsão de que a entrada de muitos gentios era parte do plano de Deus; eles levariam seu nome. Mas a promessa começava com "levantarei a tenda caída de Davi".[57] Não houve comentários ou correções, indicando que se tratava de algo no qual todos os presentes acreditavam. A propósito, notamos que Deus promete "voltar" e restaurar a dinastia davídica.

O último livro da Bíblia, Apocalipse, que revela eventos futuros, continua o tema da dinastia davídica. Cristo em glória "tem a chave de Davi" (3.7). Ele é "o Leão da tribo de Judá, a Raiz de Davi" (5.5). Ele ainda é "a Raiz e a Descendência de Davi" (22.16).

Este capítulo já está muito longo, então vamos resumir

---

57. Não uma referência à sua adoração no tabernáculo, mas à sua dinastia, assim como, na Inglaterra, se fala sobre a "Casa de Windsor".

nossas conclusões. A nova aliança substitui uma das antigas alianças feitas com Israel — a mosaica, que é designada como "antiga" e hoje está obsoleta. As outras duas, a abraâmica e a davídica, continuam ao lado da "nova". Portanto, a "nova" não descarta as esperanças do povo de Israel quanto à sua nação,[58] nem mesmo seus vínculos territoriais.[59] Essas expectativas aparentemente discrepantes serão harmonizadas no futuro, com o segundo advento de Cristo.[60]

---

58. Vamos abordar isso no Capítulo 3.
59. Veja o Capítulo 4.
60. Veja o Capítulo 5.

3

DOIS POVOS

Encerramos o primeiro capítulo concordando com boa parte do que Stephen Sizer afirma, especialmente sua análise dos pontos fracos e das inconsistências do sionismo dispensacionalista. Começamos este terceiro capítulo concordando com ele ainda mais.

Ele enfatiza corretamente a nova aliança, ponto central do Novo Testamento. Como muitos evangélicos, ele se concentra na crucificação como fundamento dessa aliança e, de fato, a nova aliança foi selada com sangue, assim como as anteriores. No entanto, sem a ressurreição e a ascensão, as profecias do Antigo Testamento não poderiam ter sido cumpridas. Por exemplo, a promessa de Ezequiel sobre o Espírito que habita em nós não poderia se cumprir até que Jesus retornasse ao céu e estivesse em posição de receber e derramar esse dom divino (At 2.33).

Ele aponta corretamente que a nova aliança estabeleceu um novo povo de Deus, uma nova humanidade. Esse "um novo homem" seria criado "dos dois" povos (Ef 2.15), referindo-se a judeus e gentios, e eliminaria todas as barreiras entre eles, tanto físicas, no templo terreno, quanto espirituais, no templo celestial. Na dimensão espiritual, as distinções de raça, gênero e classe passam a ser irrelevantes (Gl 3.28).

Esse novo povo, constituído pela fé em Cristo, substituiu seu "antigo" povo, que era constituído na carne pelos descendentes do neto de Abraão, Jacó, que mais tarde seria chamado de "Israel".[61] É difícil evitar a palavra "substituição" em referência a essa mudança, apesar de que o elo entre eles é Jesus, o Messias judeu, e muitos judeus faziam parte, sendo maioria desse novo povo. Essa continuidade entre os dois, contudo, foi logo ofuscada pela descontinuidade destacada pela rápida afluência de gentios, que logo se tornariam maioria. Inevitavelmente, esse novo povo, a Igreja de Cristo, passou a ser amplamente vista sob a perspectiva gentílica, e não judaica. Ao longo dos séculos, a Igreja se afastou das suas raízes judaicas, abandonou as festas do calendário judaico, até esquecê-las completamente.

Sizer e outros adeptos se apressam em apontar que o Novo Testamento muitas vezes aplica à Igreja as descrições de Israel no Antigo Testamento. O exemplo mais claro é: "Vocês (gentios) também estão sendo utilizados como pedras vivas na edificação de uma casa espiritual para serem sacerdócio santo [...]" (1Pe 2.5, ecoando Êx 19.6). Palavras como "escolhido" e "eleito" são transferidas de um povo para o outro. Essa é outra flecha na aljava da causa "supersessionista".

Ele está certo em lembrar seus leitores que o "evangelho" da nova aliança e de seu novo povo é, ou deveria ser, o foco de todo cristão. Sua prioridade é a evangelização dos descrentes e a edificação dos crentes, ambas para a glória de Deus. Qualquer atenção voltada a Israel é, segundo ele, um retrocesso, um retorno à antiga aliança, uma identificação com o povo bíblico errado. Sua crítica, portanto, abrange todos os sionistas, uma vez que qualquer interesse no Israel físico é, para ele, uma distração perigosa das tarefas prioritárias.

Ele tem razão em se incomodar com o que eu chamaria

---

61. Aquele que luta com Deus.

de sionistas "obsessivos".⁶² Posso garantir a ele que os que defendem um sionismo bíblico equilibrado também ficam constrangidos, até envergonhados, com esse interesse excessivo. Muitos pastores e clérigos me disseram que estariam mais abertos à causa sionista, não fosse por um ou dois "fanáticos" em suas congregações.⁶³ Esses "fanáticos" logo se veem marginalizados. Participam de reuniões de oração por Israel, mas não de outros grupos de intercessão, viajam quilômetros para ouvir palestrantes sobre Israel e criticam abertamente aqueles que não compartilham e propagam suas convicções, sugerindo que, para Deus, assim como para eles próprios, a atitude para com Israel será o fator decisivo no Dia do Juízo.⁶⁴

No entanto, tal extremismo, abertamente admitido, não leva por si só o caso sionista ao descrédito assim como o comportamento bizarro não invalida as realidades bíblicas que a renovação carismática buscou recuperar. É um princípio bíblico – "Seja Deus verdadeiro, e todo homem mentiroso" (Rm 3.4) – o que significa que todas as opiniões devem ser provadas por sua Palavra, não julgadas pelo comportamento de seus adeptos, embora a sinceridade destes possa ser questionada se for inconsistente com o que professam.

Então, voltemos à Bíblia para testar a posição de Sizer. Acredito que descobriremos, como em tantos casos, que ele está certo no que afirma, mas errado no que nega, consistente em muitas de suas declarações positivas, mas infundado em suas inferências negativas. Seus dados bíblicos são precisos, mas suas conclusões, nem tanto.

Vejamos, por exemplo, sua afirmação válida de que as descrições do Antigo Testamento a respeito de Israel são usadas para a Igreja no Novo Testamento. Isso é obviamente verdadeiro

---

62. Os menos educados os chamam de "malucos de Israel"!
63. Frequentemente, devo acrescentar, do gênero feminino e, às vezes, ouso dizer, com personalidades mais fortes do que as de seus maridos.
64. Frequentemente com base em uma interpretação questionável da palavra "irmãos" em Mateus 25.40.

e incontestável. Mas como isso deve ser compreendido? Há pelo menos duas maneiras de interpretar seu significado.

Por um lado, pode ser visto como uma transferência de função de um povo para outro, de Israel para a Igreja, o que parece ser o entendimento dos antissionistas. É a principal postulação da Teologia da Substituição ou supersessionismo. Mas a lógica é falha. Trata-se de uma mudança considerável: DA linguagem funcional, específica e delimitada sobre a transferência de algumas funções PARA a crença generalizada de que tudo o que foi dito a respeito de Israel no Antigo Testamento também foi transferido para a Igreja, sendo que uma mudança ainda maior é acreditar que todo o propósito foi removido de Israel. É um argumento frágil.

Por outro lado, pode ser interpretado de uma forma inclusiva e não exclusiva, significando que a Igreja agora compartilha da mesma função, que ainda é o propósito de Deus para Israel, a saber, ser uma luz para o mundo.[65] Essa aplicação está muito mais alinhada às declarações encontradas no Novo Testamento: os cristãos são agora "*con*cidadãos do povo de Deus", ou seja, Israel;[66] os crentes gentios foram enxertados na única oliveira de Deus, ao lado dos ramos judeus (Rm 11.17-18); o "chamado" de Israel é "irrevogável" (Rm 11.29); e um dia Israel será restaurado (Rm 11.12, 15).

Então a transferência da linguagem funcional, que ocorre no contexto do Novo Testamento, em vez de desconstruir o caso sionista, na verdade, serve de base para ele!

Os supersessionistas tendem a chamar os cristãos de "judeus verdadeiros" e a Igreja de "novo Israel". Há fundamento para isso no Novo Testamento?

Considere, em primeiro lugar, o título "judeu". Judá, que significa "louvor", foi a última tribo a ser levada ao exílio na Babilônia e aquela que, com a tribo menor de Benjamim,

---

65. Is 42.6; 49.6; Mt 5.14; Lc 2.32; At 13.47; 26.23.
66. Efésios 2.19, não "em lugar de" ou "parte de", mas "concidadãos" [desfrutando da mesma cidadania].

compôs a parte sul da nação após a guerra civil e a separação das dez tribos no norte, posteriormente conquistadas pela Assíria. Por ser a maior das duas tribos, deu seu nome à união de ambas, que se tornaram conhecidas como a "casa de Judá". Desde o retorno da Babilônia, seus cidadãos se tornaram conhecidos como "judeus", que se tornou o nome de todos os sobreviventes dos descendentes de Jacó, qualquer que fosse a sua tribo original. É possível que, na época de Jesus, o termo "judeu" tenha sido mais comumente usado em referência ao povo que vivia no sul do país, em Jerusalém, no território original da tribo de Judá e onde se concentravam os judeus que tinham algum poder na ocupação romana, em oposição aos habitantes da Galileia, no norte, com seu próprio dialeto. Alguns estudiosos afirmam que ao culpar os "judeus" pela execução de Jesus, o Evangelho de João coloca toda a responsabilidade apenas sobre os habitantes do sul. No restante do Novo Testamento, contudo, o termo "judeu" é usado frequentemente como uma identidade étnica para todos os descendentes de Jacó.

Mas há algumas passagens, principalmente de Paulo, que à primeira vista sugerem um uso mais flexível do termo, estendendo-o aos gentios que têm fé no Messias judeu. Duas declarações em sua carta ilustram isso:

> "Não é judeu quem o é apenas exteriormente [...] Não! Judeu é quem o é interiormente, e circuncisão é a operada no coração [...]. Para estes o louvor [significado de Judá] não provém dos homens, mas de Deus" (Rm 2.28-29).

> "Portanto, a promessa vem pela fé, para que seja de acordo com a graça e seja assim garantida a toda a descendência de Abraão, não apenas aos que estão sob o regime da lei [ou seja, judeus, sob a aliança mosaica], mas também aos [gentios] que são da fé de Abraão. Ele é o pai de todos nós" (Rm 4.16).

A partir dessa combinação de textos, argumenta-se que um "judeu verdadeiro" [real] pode se referir a qualquer um que compartilhe a fé de Abraão, seja judeu ou gentio de origem. A descrição é, portanto, apropriada para todo e qualquer cristão.

No entanto, um exame mais cuidadoso desses e de outros textos paulinos relevantes revela que ele sempre usou "judeu" e "judeus" em um sentido étnico, sem nunca aplicá-los a crentes gentios.[67] Ele não está afirmando que todos os que partilham da fé de Abraão são, portanto, "judeus". Ele está dizendo que não basta partilhar do sangue e da carne de Abraão e ser circuncidado no corpo. Um judeu genuíno aos olhos de Deus *também* deve partilhar da mesma fé e ter um coração circuncidado – uma condição já definida no Antigo Testamento, em Deuteronômio 30.6.

O mesmo vale para o uso do termo "Israel" no Novo Testamento. Usado mais de setenta vezes, ele invariavelmente tem um significado étnico, referindo-se aos descendentes físicos de Abraão por meio de Jacó. O sinônimo "israelita" também ocorre.[68] No entanto, apesar dessa evidência geral, afirma-se existir duas exceções, o que dá espaço para o significado espiritual de "Israel", que pode, portanto, ser aplicado aos crentes gentios e à Igreja como um todo.

O primeiro é Romanos 9.6, "Nem todos os descendentes de Israel [Jacó] são Israel [verdadeiro, real Israel]". À primeira vista, parece que o segundo "Israel" não é físico, mas espiritual e, portanto, pode incluir os crentes gentios da Igreja. Mais uma vez, um exame mais detalhado revela que Paulo usa o termo com conotação tanto étnica quanto espiritual, como acontece com o termo "judeu" em Romanos 2.28. Ele está se referindo ao remanescente fiel dentro do Israel étnico, não a alguém de fora, o mesmo núcleo espiritual que ele descreverá mais tarde (Rm 11.5).

---

67. O mesmo vale para todos os outros autores do Novo Testamento.
68. Por exemplo, Romanos 11.1; 2Coríntios 11.22.

O segundo é menos claro, a saber, Gálatas 6.16, o único texto que poderia ser compreendido como uma aplicação do nome "Israel" à Igreja. Ele diz: "Paz e misericórdia estejam sobre todos os que andam conforme essa regra, e também sobre o Israel de Deus".[69] A *exegese* levanta duas questões.

Primeiro, qual é essa "regra" que é seguida, mencionada na primeira parte do versículo? A resposta certamente está no versículo anterior (15), a saber, que não importa se alguém é circunciso ou incircunciso, judeu ou gentio. No contexto anterior, ele combatia aqueles que defendiam a importância da circuncisão como algo essencial para a salvação. Eles o haviam seguido, tentando persuadir seus convertidos de que, para seguir um Messias judeu, eles deveriam se tornar judeus e viver segundo a Torá do judaísmo. No Concílio de Jerusalém (At 15), Paulo e Pedro defenderam a liberação dos crentes gentios de todas essas práticas, mas a batalha estava longe de terminar. O que importava agora, uma vez que Cristo havia estabelecido a nova aliança, era se alguém havia experimentado "a nova criatura" que essa aliança havia tornado possível, a transformação radical também conhecida como "novo nascimento" (Jo 3.5; 2Co 5.17).

Segundo, como se encaixam as duas partes da saudação? Quero dizer, "todos" os que seguem essa regra estão no mesmo grupo que "o Israel de Deus"? A resposta depende muito da tradução da palavra que une as duas frases. É a conjunção grega *kai*, que geralmente é traduzida simplesmente como "e", mas muito ocasionalmente como "ou seja" [explicativo ou aposto]. "Ou seja" torna as duas frases sinônimas para o mesmo grupo e justificaria chamar a "igreja" na Galácia e em todo o mundo gentílico de "o Israel de Deus", embora esse uso fosse bastante atípico de Paulo. Afirma-se com frequência que ele foi levado a usar essa exceção única como uma crítica final

---

69. Tradutores de algumas versões em inglês, como Williams e Phillips, inserem uma palavra extra sem respaldo no texto grego: "o verdadeiro Israel de Deus".

aos seus oponentes judaizantes, embora eles fossem judeus crentes em Jesus.

"E" indicaria que as duas partes do versículo se referem a dois grupos de pessoas bem diferentes: aqueles indiferentes à questão da circuncisão e aqueles para quem a circuncisão é uma questão preponderante. Os crentes judeus em Jesus claramente se encaixam na última categoria. Paulo foi inflexível em sua oposição à insistência deles nessa exigência para seus convertidos gentios, mas nunca insinuou, muito menos insistiu, que os crentes judeus deveriam cessar essa prática entre si. De fato, ele aceitou sua continuidade entre eles (1Co 7.18), chegando até a circuncidar Timóteo para que ele pudesse evangelizar os judeus (At 16.3).

Além da tradução duvidosa de *kai* como "ou seja",[70] outras considerações favorecem essa abordagem. O versículo é claramente uma saudação: "Paz e misericórdia estejam [...]" Portanto, não faz parte da seção "didática" (ensino) da carta, um contexto improvável para apresentar uma perspectiva tão radical. Uma vez que, em cada uma das mais de setenta outras referências a "Israel", Paulo está usando o nome em um sentido étnico, é altamente improvável que ele quebrasse seu hábito aqui. Então podemos perguntar por que ele o usaria nesse cenário. Precisamos lembrar que, embora as igrejas plantadas por ele fossem formadas em sua maioria por membros gentios, geralmente havia alguns judeus também. E até mesmo seus oponentes judaizantes também eram crentes em Jesus, apesar do seu zelo proselitista equivocado. Então, podemos tomar "e o Israel de Deus" como um reconhecimento dessas duas categorias, para as quais a circuncisão importava; e que, portanto, eram destinatários apropriados de sua bênção apostólica. Eles são os descendentes de Israel, o remanescente

---

70. N.T.: A maioria das traduções em português usa a conjunção "e" ou "assim como". Uma versão em português que reflete esse "problema" da tradução para o inglês seria a versão O Livro, que usa uma forma de "aposto": "a esses que são no fundo o verdadeiro povo de Deus".

escolhido pela graça mencionado em Romanos 9.6 e 11.5. Essa interpretação é plausível. Paulo está garantindo que os crentes gentios na Galácia não descartem os judeus.

Aqueles que persistem em usar esse versículo para tentar provar que a Igreja substituiu Israel e tem o direito de assumir seu nome precisam ser lembrados de que não se considera uma *exegese* sólida fundamentar uma conclusão tão abrangente em apenas um versículo com tradução discutível. Essa tática seria descartada em qualquer outra discussão doutrinária e deveria ser também aqui.

Israel e a Igreja, judeus e cristãos, coexistem como entidades claramente distintas no mundo de hoje. Há nações em que o cristianismo é a religião "oficial", da mesma forma como há hoje uma nação na qual a religião oficial é o judaísmo, embora coexista com outras religiões, como acontece em alguns países muçulmanos. Ninguém pode negar a existência de Israel, seja como um Estado nacional ou um povo disperso. A questão que estamos discutindo não é a existência de Israel, que é evidente, mas se Israel foi suplantado pela Igreja como o povo escolhido de Deus na terra, virtualmente reduzindo Israel ao status de uma nação gentílica, sem privilégios ou responsabilidades especiais diante de Deus. Esse é o lado negativo da teologia "supersessionista", uma degradação do histórico povo de Deus.

Analisamos algumas das referências do Novo Testamento mais frequentemente citadas para fundamentar essa posição — e as consideramos menos conclusivas do que muitos supõem. Em todo o texto do Novo Testamento, "Israel" persiste como uma entidade étnica, reconhecida pelos apóstolos, bem como pelo próprio Jesus (Mt 10.6; Jo 4.22; Rm 1.16).

A verdadeira questão, contudo, não é a continuidade da existência de Israel, mas se o significado do nome "Israel" também teve continuidade. Eles ainda são o povo escolhido de Deus? Ainda são parte do propósito de Deus para o mundo? Eles têm um futuro divino?

Sizer e seus pares estabeleceram o axioma de que Deus

não pode ter dois povos na terra ao mesmo tempo. É tentador responder a essa afirmação categórica com uma pergunta simples: por que não? As razões não são apresentadas de forma clara. Presume-se como uma proposição óbvia, como dois mais dois são quatro. É um corolário do monoteísmo que um Deus só pode ter um povo de cada vez? Certamente não é um problema matemático; um Deus que é três em um seria capaz de lidar com dois ou mais povos sem nenhuma dificuldade!

Obviamente, uma vez aceito esse axioma, é inevitável a afirmação de que a Igreja substituiu Israel como o povo de Deus na terra e fim de debate. Mas isso é verdadeiro no que se refere às Escrituras? É, de fato, a verdade? Antes de examinarmos o próprio texto bíblico, talvez seja útil perguntar por que os proponentes de "um povo de cada vez" são tão inflexíveis.

Creio que seja porque eles zelam por preservar as verdades do Novo Testamento sobre a salvação, que é encontrada somente em Cristo, como o caminho, a verdade e a vida. Se essa for a motivação, só posso concordar de todo o coração. Eles receiam que, ao reconhecer Israel como povo que ainda é de Deus, estejam comprometendo de alguma forma o fato de que a salvação está exclusivamente em Cristo, introduzindo um elemento da carne no que é somente uma questão de fé.

Tal receio não é totalmente infundado. Alguns sionistas, com mais entusiasmo do que compreensão, caíram no erro chamado de "dupla aliança", a ideia de que os judeus são salvos por sua própria "antiga" aliança e os cristãos são salvos pela "nova", a saber, por meio de Moisés e Jesus, respectivamente. John Hagee, um dos principais sionistas dos Estados Unidos, escreveu recentemente que Jesus não veio para ser o Messias dos judeus, mas dos gentios.[71] Dessa forma, portanto, o risco de distorção da verdade da salvação é real e os sionistas precisam estar cientes disso.

---

71. Veja seu livro *In Defence of Israel*, sem tradução para o português [Em Defesa de Israel, trad. livre], excelente material, exceto pelo capítulo 10, com o qual, muitos, especialmente na Internet, se sentiram ofendidos.

No entanto, os antissionistas precisam reconhecer esse elemento de risco, o "chamado" de Israel. Para que Israel foi escolhido? Deve-se afirmar enfaticamente que eles foram escolhidos para o serviço, não para a salvação. Eles seriam o canal através do qual a salvação seria disponibilizada a um mundo perdido. E isso se cumpriu por meio de seus profetas, sacerdotes e reis primeiro, e depois por meio do Profeta/Sacerdote/Rei Jesus, o Messias judeu, e seus apóstolos judeus, sem falar nas Escrituras judaicas, a maior porção da nossa Bíblia. Verdadeiramente, "a salvação vem dos judeus" (Jo 4.22).

Mas tudo isso nunca significou que um israelita, ou mais tarde um judeu, fosse "salvo" por ser descendente de Jacó. A partir de Abraão, eles foram "justificados" pela fé, assim como aconteceu a Abraão (Gn 15.6). Nesse aspecto, Israel estava na mesma posição que qualquer outra nação. Somente aqueles que creram e continuaram crendo foram aceitos por Deus. Os que nunca creram ou caíram na incredulidade foram rejeitados (Rm 11.20). Claro, a fé de Israel estava nas palavras e promessas que lhes haviam sido dadas, muito antes de terem conhecimento de que Jesus era a Palavra (Jo 1.1) e de que todas as promessas têm nele o "sim" (2Co 1.20). Mas era fé salvadora. E Deus pode usar nações descrentes e, portanto, não salvas, para demonstrar seu poder e cumprir seus propósitos.

Acabamos de citar um versículo de Romanos 11. Todo esse capítulo, por si só, é suficiente para refutar a noção de que Israel deixou de ser a nação escolhida de Deus – seu relacionamento especial com eles permanece inalterado, mesmo depois de terem rejeitado seu Filho, seu Messias. Deus não os rejeitou; eles ainda são "seu povo" (11.1). Eles foram o povo de Deus no passado, são o povo de Deus no presente e serão o povo de Deus no futuro!

Até mesmo os antissionistas reconhecem que alguns judeus são "povo de Deus" e que, tão verdadeiro quanto nos dias de Paulo, "hoje também há um remanescente escolhido pela graça" (11.5). O próprio Paulo era parte e evidência dessa minoria fiel. E, é claro, esses judeus creem em Jesus, o Filho, assim como no Pai, e eles são considerados parte da Igreja.

Mas e quanto aos "demais", "os outros" (11.7), a maioria naquela ocasião e hoje, que não são crentes? Deixaram passar a oportunidade e perderam o direito de ser o povo especial de Deus? O restante do capítulo 11 é todo sobre "eles", embora seja dirigido a "vocês", crentes gentios. Deus ainda lida com eles, mas em um relacionamento negativo, e não positivo, pela dureza do seu coração, que se endureceu assim como o do faraó (9.17-18). Em ambos os casos, o endurecimento teve início do lado humano; o lado divino deu continuidade, involuntariamente confirmando e reforçando a escolha voluntária do homem. Os judeus estão entre os povos mais difíceis de se alcançar com o evangelho, mas isso não desencorajou Paulo de tentar (11.14; cf. 9.3 e 10.1) e também não deve nos desanimar, embora precisemos admitir que alguns sionistas não partilham do anseio de Paulo nem priorizam a evangelização de judeus.

O endurecimento não é total nem permanente. E não se trata de um caso sem solução. Eles ainda são "seu povo"; Deus não desistiu deles. Eles foram "cortados", mas podem ser enxertados novamente em sua própria oliveira mais facilmente do que os gentios ("oliveira brava por natureza") que tomaram o seu lugar. Esse é o único ensinamento de Paulo sobre "substituição". Alguns dos ramos judeus, não todos, e não as raízes ou o tronco da árvore judaica, foram substituídos por gentios. E isso pode ser facilmente revertido. Os crentes gentios podem ser cortados, como os judeus foram, se não permanecerem na graça divina.[72] Os descrentes judeus podem ser restaurados se retornarem à fé.

Surpreendentemente, Paulo não apenas afirma que eles podem ser, mas parece presumir que serão, antecipando grande

---

[72]. Os versículos 20 a 22 são a sentença de morte para o clichê: "uma vez salvo, salvo para sempre".

bênção para o mundo inteiro à medida que eles retomam seu chamado (11.12 e 15). Nada menos do que os dons que Deus concedeu ao Israel étnico, sendo o principal deles a sua própria terra. O chamado ainda lhes pertence também (11.29), e Deus tem planos futuros tanto para o restante infiel de Israel quanto para o remanescente fiel. Ambas as partes ainda são "seu povo". Negar isso é ser culpado de desprezo arrogante (11.18, 20, 25), o oposto de uma atitude apropriada de fé e temor ao Senhor (11.20).

Tudo isso escala para uma declaração, cuja importância não pode ser exagerada em todo esse debate, a saber, 11.25-27. A interpretação dessa afirmação é tão crucial que precisamos ser muito cautelosos e meticulosos para destrinchá-la.

Paulo chama isso de "mistério". Dois erros comuns são cometidos quando se destrincha essa palavra. Um deles é que o substantivo "mistério" tem uma acepção de "misterioso", algo além da compreensão humana, inexplicável, contrário à razão, que precisa ser aceito cegamente. Nada disso está na mente de Paulo, apesar das muitas pregações que ouvimos! Para ele, um "mistério" é um segredo que agora pode ser tornado público; um propósito divino que a razão humana não conseguiria ter descoberto, mas que agora foi revelado e pode ser reiterado.

O outro erro é presumir que sempre que Paulo usa a palavra "mistério", ele está se referindo ao mesmo segredo revelado, particularmente àquele que incorpora os gentios nos propósitos divinos (Ef 3.6). No texto de Romanos, contudo, não se trata de gentios, mas de Israel. E a essência disso é que em algum dia futuro "todo o Israel será salvo" (11.26). Cada palavra é importante, então devemos seguir passo a passo.

Para Paulo, "salvo" significa sempre salvação da culpa, do poder e da presença corruptiva do pecado; justificação, santificação e glorificação pela graça e por meio da fé, tudo exclusivamente no Senhor Jesus Cristo. Esse é o significado de "salvação" em toda a sua carta aos Romanos e nesta seção específica sobre o povo judeu.[73] É a salvação que alguns judeus e muitos gentios já encontraram ao invocar o nome do Senhor, crendo em seu coração e confessando com sua boca (10.9-13). O verbo está no tempo futuro, portanto, quando Paulo escreveu, isso ainda não havia acontecido. Não aconteceu nem mesmo nos nossos dias. Embora um número crescente de judeus esteja encontrando a salvação em Cristo, trata-se apenas de uma pequena minoria, de forma alguma poderia ser chamado de "todo o Israel".

"Todo" [o Israel] — o que isso significa? Não pode significar todos os judeus que já viveram. Se fosse assim, Paulo não teria se angustiado tanto pela condição deles (9.1-3), nem orado tanto por sua salvação (10.1) ou se esforçado tanto para convertê-los (11.14). Ele claramente acreditava que muitos de seus "irmãos de sua própria raça" estavam diante de uma eternidade na perdição. Estava disposto até a ser separado de Cristo se isso os levasse para o céu. Os sionistas precisam ser constantemente lembrados disso. Eles podem estar tão envolvidos em "confortar" Israel que se esquecem de que convertê-los é o maior serviço que lhes podem prestar. Prepará-los para o próximo mundo é muito mais importante do que suprir suas necessidades neste mundo.[74]

Nem significa necessariamente que todos os judeus que ainda estiverem vivos serão salvos. Talvez indique isso, mas há, no Antigo Testamento, um precedente para a expressão "todo o Israel" – 48 ocorrências, para ser exato. Às vezes, é uma referência ao estado espiritual e moral geral da nação. Outras, se refere a uma grande assembleia representando cada parte da nação, todas as doze tribos ou todos os anciãos. Em nenhum dos casos significa cada israelita, cada homem, mulher e criança. Podemos, portanto, traduzir a expressão do Novo Testamento como "Israel como um todo" ou "um grande

---

73. Veja 10.1 e 11.14.
74. Os sionistas não são os únicos cristãos para os quais a filantropia tem prioridade sobre o evangelismo na "missão".

número de israelitas". Podemos acrescentar que Israel é a única nação na terra que pode reivindicar a promessa bíblica de um avivamento nacional, embora muitos cristãos hoje tentem reivindicar 2Crônicas 7.14 como uma promessa de "sarar a sua própria terra".

"Israel" tem sido entendido até agora em seu sentido étnico, referindo-se ao Israel físico e especialmente à sua maioria incrédula, que tem destaque desde o versículo 7. E "Israel" significa exatamente isso no início da declaração que estamos examinando: "Israel experimentou um endurecimento [...]" (11.25). Seria estranho, de fato, se uma palavra mudasse tão radicalmente de significado dentro dos limites de uma única frase, para não falar do fato de que todas as outras ocorrências de "Israel" ao longo desta seção da carta de Paulo (capítulos 9–11) são no sentido do Israel étnico.

Sizer, contudo, citando Calvino, que recorreu a Gálatas 6.16 (veja acima), afirma que "Israel" em Romanos 11.26 é usado em um sentido espiritual e se refere à Igreja completa, incluindo todos os seus membros judeus e gentios, e não um avivamento do fim dos tempos que ocorrerá entre todo o Israel étnico. Há, no próprio texto, algum fundamento para essa interpretação? Sim, eles dizem. Está em uma palavra-chave que ainda não discutimos.

"E *assim* todo o Israel será salvo". Os sionistas tendem a pensar e até mesmo citar o termo traduzido como "assim" com o sentido de "então". Ou seja, depois que o número total de gentios for atingido [a plenitude dos gentios], *então* todo o Israel será salvo. Mas seus críticos estão certos em apontar que a palavra é "assim", e não "então". O significado da palavra grega *houtos* é certamente "assim" ou "desta forma" ou "exatamente assim" ou "como resultado", e está subordinado a uma declaração anterior como a causa desse resultado.[75]

---

75. É também a palavra traduzida como "de tal forma" em João 3.16; não significa "tanto", mas "assim como", referindo-se aos versículos 14 e 15, e "assim" deveria realmente vir antes de "Deus".

Então, qual é a causa cuja consequência é a salvação de "todo o Israel"? Aqueles que descartam um avivamento nacional do Israel étnico apontam para a cláusula anterior, argumentando que a plenitude dos gentios (nações), juntamente com alguns judeus convertidos, completou a Igreja, o Israel espiritual. Israel como um todo, todo o Israel. Mas a oração sobre a plenitude dos gentios é uma oração subordinada de toda a sentença, qualificando a oração principal, que afirma que o endurecimento judicial do Israel étnico é parcial e temporário, a ser removido quando todos os gentios tiverem entrado. É a remoção desse endurecimento pelo Deus que o impôs, que causará a pronta aceitação da salvação por "todo o Israel", que são muito mais facilmente enxertados em sua própria oliveira como ramos "naturais". "Então" faz todo o sentido dessa forma.

É difícil evitar a conclusão de que Deus pode ter, e de fato tem, dois povos na terra no momento presente — sua Igreja, composta de alguns judeus e de uma maioria de gentios, todos crentes em Jesus, e seu povo "Israel", ainda em uma condição de incredulidade. Os primeiros são fruto [da pregação] do evangelho, tendo recebido a misericórdia de Deus. Os últimos são inimigos do evangelho, ainda estão por receber a misericórdia divina. Sua salvação espiritual está interligada, cada um afetando o outro, tanto negativa quanto positivamente (11.30-31). Ambos são amados por Deus.

Mas essa distinção de identidades é temporária. O plano divino é "fazer convergir em Cristo todas as coisas, celestiais ou terrenas" (Ef 1.10). Essa consumação inclui Israel e a Igreja, ambos tendo encontrado salvação em Cristo. Certamente é isso que Jesus quis dizer ao afirmar: "Tenho outras ovelhas que não são deste aprisco [gentios fora de Israel]. É necessário que eu as conduza também. Elas ouvirão a minha voz, e haverá um só rebanho e um só pastor" (Jo 10.16). Então, e somente então, será possível usar "Igreja" e "Israel" como sinônimos intercambiáveis. Até então, devemos mantê-los como entidades distintas.

Resumindo este capítulo, Sizer está absolutamente certo em enfatizar a nova aliança e as mudanças radicais que ela introduziu na narrativa da nossa redenção.

Com ela, surgiu uma nova comunidade, ao mesmo tempo mais ampla que Israel, por ser verdadeiramente internacional, e mais restrita, por depender da fé individual. Ela é neutra em relação a gênero, raça ou classe, e indiferente à hereditariedade. Deus não tem netos.

E surgiu também um novo culto, tornando obsoleto o templo, o sacerdócio e os sacrifícios. A adoração tem como base a sinagoga local, e não o templo central, com muitos assentos e orquestras. Deus busca adoradores que o adorem em espírito e verdade (realidade).

São as inferências de Sizer e de outros que se apresentam como problemas reais para os sionistas. Entre esses problemas estão:

i. Que tudo no Antigo Testamento pertence à "antiga" aliança e é transformado ou anulado pela "nova". Falamos sobre isso no Capítulo 2.
ii. Que Deus só pode ter um povo da aliança de cada vez. Este capítulo examinou essa afirmação.
iii. Que a terra de Israel hoje é irrelevante para o plano e propósito de Deus. Veja o Capítulo 4.
iv. Que todas as promessas feitas a Israel já se cumpriram em Jesus. Veja o Capítulo 5.

4

A TERRA PROMETIDA

Se os judeus ainda são "povo de Deus", então a terra ainda deve ser deles. Se o Israel étnico ainda é especial, então o Israel territorial também é. Essa lógica pode ser óbvia para alguns, mas para outros não é clara, de forma alguma. De fato, os que pensam assim são frequentemente acusados de ter uma mentalidade do Antigo Testamento, na qual admite-se livremente que as pessoas e os lugares estão intimamente conectados. No entanto, uma única declaração no Novo Testamento corroboraria ambas as partes da proposição: eles (israelitas étnicos) são amados por causa dos patriarcas (Abraão, Isaque e Jacó), pois "os dons e o chamado de Deus são irrevogáveis" (Rm 11.28b-29). Quando a aliança com os patriarcas é cuidadosamente examinada (Gn 12–17), sem dúvida alguma o "dom" mais proeminente é a "terra", dada como propriedade perpétua.

Esse é o ponto central da diferença entre os sionistas e seus críticos. Os primeiros acreditam que Deus trouxe o seu povo de volta à sua própria terra, conforme ele havia prometido, e que, portanto, eles têm o direito divino de estar lá. Os últimos consideram seu retorno um evento político sem significado bíblico ou teológico. Esse ponto de discórdia permeia a Igreja cristã, criando um abismo que não pode ser transposto até que um lado ou outro reconheça o seu "erro".

A questão é colocada de forma bem simples no título de um livro de um crente judeu, Dr. Arthur Kac: *The Rebirth of the State of Israel — is it of God or of Men?*[76] Este foi um dos primeiros livros que li sobre o assunto e um dos fatores que contribuíram para que eu chegasse às minhas próprias convicções. Eu posso recomendá-lo fortemente, mas acho que agora está fora de catálogo.

Então, o retorno dos judeus à terra prometida foi um evento puramente político ou providencial? Pode ser totalmente explicado em termos naturais ou implica fatores sobrenaturais? Foi o resultado da ambição e do esforço humano ou de uma intervenção divina? Claro, um "milagre" pode ser visto pelos dois ângulos: um evento que combina a ação humana e a divina.[77]

Certamente há um lado humano na história de "Israel", o povo e o lugar, que remonta à fundação da nação. Libertados da escravidão no Egito, eles começaram sua jornada para a terra prometida a seus antepassados. Foram mantidos fora dela até que os habitantes locais perdessem todo direito moral de viver ali ou mesmo em qualquer outro lugar (Gn 15.16). Eles entraram, conquistaram e se estabeleceram na maior parte dela.

Agora eles aprenderiam da maneira mais difícil que a propriedade da terra era incondicional, sob a aliança abraâmica, mas a ocupação da terra era condicional, sob a aliança mosaica.

O chamado deles era ser uma demonstração visível para outras nações da bênção divina sobre aqueles que viviam do jeito certo e da maldição sobre aqueles que viviam do jeito errado. As punições para a desobediência seriam dificuldades e perigos, seca e pestes, incluindo invasões e ocupação, até a deportação e exílio finais.

---

76. Publicado em 1958 por Marshall, Morgan e Scott, sem tradução para o português [O Renascimento do Estado de Israel – É algo de Deus ou dos homens?, trad. livre].
77. Veja a travessia do mar Vermelho em Êxodo 14.

A TERRA PROMETIDA

O primeiro exílio para a Babilônia durou setenta anos, porque o sétimo ano, o ano do pousio ou repouso das terras cultiváveis, havia sido negligenciado por quase cinco séculos. Podemos observar que nem todos os israelitas foram tirados da terra.[78] Nem todos os que foram levados para a Babilônia retornaram. Na verdade, apenas alguns milhares voltaram para reconstruir a nação.[79]

Os profetas pré-exílicos (de Joel a Isaías) alertaram e advertiram sobre o desastre. Mas eles também anunciaram as promessas divinas de um retorno após a ação disciplinar. Um dos exilados, Daniel, reivindicou isso em oração a Deus. Outro, Neemias, fez uma petição a um rei gentio. Deus tornou o retorno possível por meio de um governante estrangeiro, Ciro da Pérsia. Observe a combinação de atividade humana e divina nesse retorno do primeiro exílio, quatro séculos antes de Cristo.

Haveria um segundo exílio da terra, mais severo que o primeiro. Duraria muito mais tempo (dezenove séculos), espalharia a nação de forma muito mais ampla, pelos quatro "cantos" da terra: norte, sul, leste e oeste, e levaria a um sofrimento muito pior, culminando no Holocausto.

Visto que Deus sempre enviou alertas e advertências claras antes de executar seus juízos, é preciso perguntar qual pecado teria levado a essa tragédia e quem a previu. A resposta para ambas as perguntas pode ser encontrada em Jesus. Ele previu e predisse o que aconteceria e apontou para a rejeição de Israel, seu fracasso em reconhecer em seu ministério o dia da visitação divina (Lc 19.44). Eles tinham "negado publicamente o Santo e Justo [...] matado o autor da vida" (At 3.13, 15). Eles se recusaram a ouvir o "profeta como Moisés" (Dt 18.15; cf. Mt 21.11; At 3.22-23).

---

78. A minoria que ficou uniu-se por casamento a gentios locais, produzindo os samaritanos, judeus de raça mista.
79. É possível que os "homens sábios" que vieram a Belém para o nascimento de Jesus fossem descendentes dos judeus que permaneceram na Babilônia.

O segundo exílio começou com o cerco e a destruição de Jerusalém pelos romanos em 70 d.C., atingindo o clímax em 135 d.C. com uma revolta final sob um falso messias, Bar Kochba, e o suicídio em massa de judeus na fortaleza de Massada. Os judeus foram banidos de sua capital e arredores, sendo que Jerusalém foi reconstruída com um nome gentílico (Élia Capitolina), enquanto seu país foi renomeado "Palestina", em homenagem aos filisteus, como um insulto final aos judeus.

No entanto, apesar do mito popular, nem todos os judeus foram removidos da terra. Assim como aconteceu no exílio, alguns permaneceram, embora tenham sobrevivido em comunidades remotas de Jerusalém, como em Safed, na Alta Galileia, quase certamente o lugar que Jesus chamou de "uma cidade construída sobre um monte".

Tampouco a terra foi removida dos judeus. Aonde quer que fossem, eles levavam sua terra natal no coração. Na celebração anual da fundação de sua nação, a Festa da Páscoa, sua saudação mútua era: "Ano que vem em Jerusalém", refletindo seu inabalável desejo de voltar para casa.

E alguns deles o fizeram. Ao longo dos tempos, um pequeno número de judeus fez *aliyá* [subiram] ao templo em Jerusalém. Eles costumavam viver em extrema privação, sobrevivendo com o apoio financeiro dos judeus da diáspora.

O retorno começou de fato no último quarto do século 19, em parte como resultado de ondas de perseguição, conhecidas como pogroms, na Rússia. Uma pequena propriedade foi construída nas proximidades do Muro das Lamentações, em Jerusalém.[80] Porções de terra, muitas vezes pântanos infestados de malária, foram compradas de proprietários árabes ausentes, drenadas e cultivadas com eucaliptos sedentos, vindos da Austrália. A paisagem desolada descrita por Mark Twain e pintada por David Roberts começou a ser transformada em

---

80. Ainda está lá, sinalizada por um moinho de vento, local onde residiu Lance Lambert, conhecido judeu messiânico.

terras agrícolas produtivas. Com isso, é claro, profissionais como médicos, cientistas e banqueiros tiveram que aprender habilidades manuais. A economia em expansão atraiu milhares de imigrantes árabes e deu-lhes emprego. Comunidades cooperativas, *kibutzim* e *moshavim*[81] surgiram aos montes.

A Grã-Bretanha desempenharia um papel importante, com efeitos positivos e negativos. Ao estabelecer um consulado e uma igreja e bispado anglicanos na Cidade Velha de Jerusalém (*Christ Church*), a Grã-Bretanha pôde encorajar e apoiar a imigração judaica, apesar da ocupação da Palestina pelos turcos muçulmanos do Império Otomano. Tudo isso foi em meados do século 19, antes da primeira grande onda de *aliyá*.

Tropas britânicas sob o comando do General Allenby libertaram Jerusalém dos turcos em 1917. Após a Primeira Guerra Mundial, a Liga das Nações deu à Grã-Bretanha o Mandato para governar a Palestina. Infelizmente, promessas conflitantes foram feitas tanto a judeus quanto a árabes da região. Os governos britânicos favoreceram a causa judaica enquanto o Ministério de Relações Exteriores apoiou os árabes. Inevitavelmente, a tensão surgiu entre eles, explodindo em violência.

O infame Livro Branco de 1939 limitou severamente a imigração judaica justamente quando ela era mais necessária para que os judeus fugissem da Alemanha. Mesmo depois da Segunda Guerra Mundial, os judeus sobreviventes que deixaram a Europa foram detidos em campos em Chipre. A situação na Palestina se tornou tão difícil que a Grã-Bretanha se retirou em 1947, permitindo que os judeus declarassem o Estado soberano de Israel no ano seguinte e também que as nações árabes vizinhas declarassem guerra com Israel, com a intenção de empurrar o recente intruso para o mar (Mediterrâneo). A sobrevivência de Israel neste conflito e nos conflitos subsequentes é algo memorável. Os ataques convencionais agora deram lugar a mísseis e homens-bomba.

---

81. Os primeiros mais próximos da ideologia "comunista" do que os últimos.

Esses são os pontos principais – no lado humano da história – do retorno dos judeus à "sua própria terra", a terra que Deus prometeu aos seus antepassados. Há um lado divino na história? Se houver, que parte foi desempenhada pelo próprio Deus? Seria possível explicá-la em termos naturais, como um evento político, ou há aspectos sobrenaturais que confirmam que houve uma intervenção oportuna dos céus?

Essas questões atingem o próprio núcleo do sionismo cristão, que se baseia na convicção de que Deus reuniu o povo e o lugar, de acordo com sua Palavra e que eles, portanto, têm o direito divino de estar lá. Contudo, essas questões são válidas e devem ser respondidas pelos sionistas. Como sionista que sou, examinei minhas próprias convicções e descobri que há três razões principais pelas quais creio na atuação divina — a soberania divina sobre a história, as profecias não cumpridas da Bíblia e as evidências circunstanciais.

SOBERANIA DIVINA SOBRE A HISTÓRIA

Uma das suposições óbvias do Antigo Testamento é que Deus tem absoluto controle sobre o destino tanto de nações quanto de indivíduos. Isso foi demonstrado no caso de sua nação escolhida, Israel, ao tirá-los do Egito e levá-los para Canaã. Para fazer isso, contudo, ele teve que mostrar seu poder sobre o Egito também. Poucos parecem ter notado que foi ele quem trouxe os filisteus de Creta (Am 9.7), mais ou menos na mesma época e para o mesmo lugar! Os israelitas que viviam na região montanhosa seriam ameaçados pelos filisteus que estavam na planície litorânea.

O Senhor expulsou as nações "diante deles" quando eles entraram na terra sob a liderança de Josué e deixou de fazê-lo quando eles traíram sua confiança (Jz 2.22). Disciplinou Israel trazendo povos vizinhos para seu território, entre eles: arameus, midianitas, amalequitas, moabitas, amonitas, etc. (Jz 1–11). Esses eram reinos bem pequenos, vizinhos imediatos de Israel. Mas Deus também é capaz de controlar grandes potências; ele levantou a Assíria, a Babilônia e a Pérsia conforme o seu propósito soberano, e depois as reduziu a nada, pois abusaram do poder que ele lhes havia dado.

Podemos dizer que o Deus de Israel é aquele que desenha e redesenha o atlas político do mundo. Essa soberania sobre o tempo e o espaço é presumida e confirmada no Novo Testamento. Paulo, dirigindo-se à elite intelectual da Grécia, faz a afirmação explícita de que Deus decide a porção da história e da geografia ocupada por toda e qualquer nação (At 17.26).

Ninguém pode negar o simples fato de que bem mais de um terço do povo judeu está de volta à "sua própria terra". O nome "Israel" retornou ao mapa após séculos de ausência. Se Deus é responsável pela chegada e partida de todos os povos, nações e impérios, então deve-se concluir que ele é responsável pelo reaparecimento no palco da história do Estado-nação de Israel. Ele os trouxe de volta novamente "pela segunda vez" (Is 11.11).

E se a soberania divina está implícita em todas as movimentações das nações, muito mais ela se aplica à nação que ele escolheu como sua, sendo que ele se identifica como "o Santo de Israel" inúmeras vezes em Isaías. Isso nos leva à segunda razão bíblica para crer que o retorno de Israel é obra divina.

PROFECIAS NÃO CUMPRIDAS

Nem todos os profetas judeus anunciavam "desgraça e dor". Até mesmo Jeremias, cujo nome se tornou sinônimo de pessimismo depressivo, usou com frequência a palavra "esperança". Embora convencido de que o exílio era inevitável devido à idolatria e à imoralidade da nação, ele manteve a promessa do retorno final,[82] assim como seu predecessor, Isaías,[83] e seu sucessor, Ezequiel.[84]

Um resumo sucinto da mensagem consistente desses profetas "maiores" e "menores" seria: a nação se afastou do

---

82. Leia Jeremias 16, 23, 24, 30, 31, 32, 46.
83. Leia Isaías 43, 52, 60, 61, 62, 65, 66.
84. Leia Ezequiel 34, 36, 37, 39.

Senhor e deve ser expulsa de sua terra, mas ele sempre os traria de volta à terra e a ele mesmo. As previsões sobre esse retorno físico/espiritual são tão numerosas que não podem ser ignoradas. Certo acadêmico listou mais de cem referências. Mas elas podem ser interpretadas e aplicadas de quatro maneiras diferentes:

A primeira é a **histórica**. É a aplicação de todas essas promessas ao retorno do exílio babilônico no século 5 a.C. Não há, portanto, necessidade de buscar qualquer cumprimento posterior no futuro. Deus cumpriu sua palavra no passado distante, sendo infundada e equivocada a tentativa de vinculá-la ao presente contemporâneo.

À primeira vista, essa abordagem parece resolver o assunto de forma bastante simples, mas é simplista demais. Ao ser examinada em detalhes, não faz justiça às informações do Antigo Testamento.

i. Já mencionamos a profecia de Isaías de um "segundo" retorno (11.11).[85]

ii. Há, portanto, a presença evidente de promessas de um retorno final em profetas pós-exílicos, após o retorno da Babilônia, por exemplo, Zacarias 8.7-8; 14.10-11.

iii. Algumas previsões claramente antecipam um retorno dos judeus espalhados pelo mundo, dos quatro cantos da terra; do norte, sul, leste e oeste; das ilhas do mar (por exemplo, Isaías 11.11-12) — enquanto o retorno da Babilônia foi apenas de um país e de uma direção (nordeste).

iv. Outras profecias preveem um retorno final e permanente, para nunca mais ser desarraigados (por exemplo, Jeremias 24.5-6), o que não aconteceu quando eles retornaram da Babilônia.

v. Algumas preveem uma reunião total de todos os dispersos. Apenas uma minoria deixou a Babilônia — cerca de 45 mil.

---

85. É uma passagem muito explorada em *The Chariots of Israel*, relato autobiográfico das visões sionistas do ex-primeiro-ministro britânico Harold Wilson.

Em todos esses pontos, estamos testemunhando uma característica da profecia hebraica. Uma previsão pode ser cumprida mais de uma vez, com um cumprimento duplo ou até triplo.[86]

Concluímos que as promessas de retorno foram cumpridas apenas parcialmente após o primeiro exílio e sua plena concretização acontecerá no final do segundo exílio, algo que está acontecendo em nosso tempo.

A segunda é a **condicional**. Essa abordagem concorda que as profecias foram cumpridas apenas parcialmente no retorno da Babilônia, mas não espera nenhum cumprimento posterior, pois as promessas teriam sido perdidas em consequência da rejeição dos judeus ao seu próprio Messias, Jesus, o Filho de Deus. Por ter descumprido sua parte na aliança firmada com Deus, ele é liberado de suas obrigações, e não precisa cumprir suas promessas. O segundo exílio é, portanto, permanente, uma expressão da separação divina da nação como tal e o próprio Deus. A terra agora é irrelevante para seus propósitos, assim como a retomada de qualquer parte dela é uma ação puramente política, um evento histórico, e não teológico; é resultado da ação humana, e não divina.

Já dissemos tudo o que precisa ser dito sobre a inadequação dessa posição. Sua linha básica é unir as alianças mosaica e abraâmica, sem reconhecer que a primeira era condicional, com exigências do tipo "vocês deverão fazer isso" em resposta às ofertas de "farei isso", enquanto a segunda era incondicional, cheia de promessas do tipo "farei isso", sem exigências do tipo "vocês deverão fazer isso". O exílio da terra foi uma consequência da quebra do pacto mosaico, e o retorno final à terra é uma consequência da inquebrável aliança abraâmica, confirmada de forma tão enfática no Novo Testamento (Hb 6.13-18).

---

86. Cf. Isaías 7.14 se tornou realidade nos dias do rei Acaz e em Maria, Mt 1.22-23; Dn 11.31 em Antíoco Epifânio, 175 a.C., mais uma vez depois de Jesus, Mt 24.15.

No entanto, alguns estudiosos da Bíblia afirmam que as promessas de retorno eram condicionais, dependendo do arrependimento comprovado dos pecados que os levaram ao exílio. Há, por certo, uma série de textos que conectam diretamente o retorno à terra com o retorno ao Senhor. Os primeiros cristãos sionistas esperavam que o retorno físico e o espiritual acontecessem simultaneamente. Alguns até esperavam que o espiritual precedesse o físico.

Mas nenhum dos dois aconteceu com a restauração atual. Israel é um estado secular, tão descrente e moralmente decadente quanto muitas democracias ocidentais. Parece haver pouca diferença entre Tel Aviv e São Francisco ou Copenhague. Há um tom religioso na cultura e na observância do calendário, mas não mais do que na Grã-Bretanha.

Isso deu aos antissionistas uma razão para o ceticismo sobre as alegações sionistas de que Deus está cumprindo suas promessas nesse retorno atual. O retorno à terra não parece ter sido acompanhado por um retorno ao Senhor. Turistas e peregrinos em Israel ficam surpresos, até mesmo chocados, ao encontrar tantos judeus sem Deus, muitas vezes vangloriando-se pela recuperação de seu antigo território. Os cristãos sionistas precisam enfrentar essa e outras questões com mais afinco que os demais. Como eles têm lidado com isso?

Em primeiro lugar, após estudo cuidadoso das profecias bíblicas, eles observaram que quando uma sequência cronológica é claramente indicada, o retorno físico à terra precede o retorno espiritual ao Senhor. Os leitores são convidados a verificar os seguintes textos bíblicos — Isaías 4.2-3; Jeremias 33.6-9; Ezequiel 36.24-26; 37.1-14; Joel 2.18-29; Zacarias 13.8-9. Há alguma evidência de que isso vai acontecer? Sim, já está acontecendo!

Segundo, desde o estabelecimento do Estado de Israel, em 1948, houve algumas mudanças espirituais significativas. A atitude em relação a Jesus de Nazaré passou por uma grande mudança, da crítica negativa para a apreciação positiva.

Acadêmicos judeus estão redigindo avaliações favoráveis do ministério de Jesus. Ainda que sem a compreensão cristã plena do caráter divino e messiânico de Jesus, ele está sendo aclamado como um mestre carismático, até mesmo como um profeta. Quando um rabino respeitado afirma: "Se o Messias que esperamos for Jesus de Nazaré, não consigo pensar em uma única objeção judaica", algo novo está acontecendo, apesar de séculos de antissemitismo por parte da Igreja cristã. O Novo Testamento hebraico é estudado abertamente em escolas e faculdades. Talvez essa tendência precise avançar, mas está seguindo na direção certa.

Ainda mais impressionante é o rápido aumento de judeus que creem no Messias Jesus, tanto dentro do Estado de Israel quanto fora, na diáspora.[87] Em 1948, era possível contar nos dedos das mãos o número de crentes judeus. Agora, eles chegam aos milhares, causando uma verdadeira dor de cabeça para o rabino chefe, que parece acreditar que esse é o resultado da invasão de missionários gentios. Trata-se, contudo, de um evento local e espontâneo. A maioria dos crentes gentios no mundo desconhece a existência de judeus messiânicos, mesmo tendo visitado a sua terra! Mas um movimento paralelo está acontecendo simultaneamente na diáspora. O movimento *Jews for Jesus* [judeus por Jesus] causou um impacto surpreendente. Sinagogas messiânicas estão surgindo no mundo ocidental.

Alguns chamariam isso de "avivamento". É certamente um retorno à situação da igreja primitiva, na qual os apóstolos, presbíteros, diáconos e a maioria dos membros eram judeus. Naqueles dias, a questão era se os gentios poderiam seguir Jesus sem se tornar judeus (At 17). A questão, agora, é se os judeus podem seguir Jesus sem se tornar gentios. Para ambos, a questão é como ser "um novo homem" em Jesus sem ser castrado em sua cultura. Esse, contudo, é um problema que enfrentamos de

---

87. Não os chamo de "cristãos judeus" pois são termos que se contradizem, "cristão" sendo um apelido cunhado por gentios em referência aos próprios gentios; At 11.26.

bom grado, uma vez que acompanha o ressurgimento, depois de tanto tempo, do segmento judaico da igreja.

O teste é o tempo. Foi o famoso pregador Phillips Brooks que disse: "O problema é que estou com pressa, e Deus não!" Se tantos já encontraram a salvação em *Yeshua HaMashiach* desde que retornaram ao seu próprio país, não é preciso "esticar" muito a fé para crer que "todo o Israel será salvo".[88]

Mas ainda devemos considerar outras duas maneiras de interpretar as promessas de retorno dos judeus à terra:

A terceira é a **alegórica**. Admitindo que as previsões do Antigo Testamento são apresentadas em termos físicos – um retorno físico de pessoas físicas a uma terra física –, muitos acreditam que, à luz dos princípios do Novo Testamento, essas previsões agora devem ser interpretadas em termos espirituais e aplicadas ao povo espiritual de Deus, a Igreja. O reino físico de Israel foi substituído pelo reino espiritual de Deus/céu, que é universal, não territorial; interno em vez de externo; estabelecido pelo amor, não pela força.[89] Esse foi o erro que os apóstolos cometeram na última pergunta que fizeram a Jesus, antes de sua ascensão.[90]

Essa, obviamente, é a forma como a Teologia da Substituição *precisa* interpretar as promessas do Antigo Testamento. O Israel étnico não faz mais parte dos planos e propósitos de Deus, porque ele foi "substituído" pela Igreja. Esse Israel "novo" ou "verdadeiro" herdou todas as bênçãos prometidas ao antigo Israel, mas nenhuma das maldições! Ninguém parece concluir que a Igreja tem um direito divino àquela parte do Oriente Médio entre o Nilo e o Eufrates, embora muitos ramos da Igreja cristã tenham prontamente instalado suas bases em Jerusalém, e não em Tel Aviv, onde vive a maioria dos israelenses, revelando um interesse maior no local do que no povo.

---

88. Exploramos essa previsão no Capítulo 3.
89. Textos como Lucas 17.21 e João 18.36 são citações favoritas para fundamentar esse ponto de vista.
90. Atos 1.7; mas já argumentamos contra isso no Capítulo 2.

A TERRA PROMETIDA

Promessas que fazem referência à "terra", no sentido territorial, são convertidas em "Terra" [planeta] (Mt 5.5) ou "mundo" (Rm 4.13) e universalizadas e espiritualizadas. Só posso perguntar como Abraão, Isaque e Jacó se sentem a respeito desse equívoco sobre o juramento de Deus a eles! Os pobres coitados pensaram que a propriedade era um legado permanente, não um empréstimo temporário!

Uma forma mais sutil de interpretação está começando a se espalhar sob o rótulo de teologia do "cumprimento". Em lugar da transferência direta de promessas de Israel para a Igreja, um estágio intermediário é inserido no processo. O enfoque e o cumprimento das promessas estavam em uma pessoa que, por si só, representava o verdadeiro Israel, a saber, Jesus. Então, por meio dele, as promessas foram estendidas à sua Igreja, composta de judeus e gentios que creem nele. Os defensores costumam usar a analogia de uma ampulheta, o amplo Israel se estreitando para um israelita e então se ampliando novamente para a Igreja, a continuidade entre os dois povos encontrada em apenas uma pessoa. Um texto frequentemente citado para apoiar essa ideia é: "Pois quantas forem as promessas feitas por Deus, tantas têm em Cristo o sim" (2Co 1.20). Os defensores protestam que esse não é um pensamento de "substituição", mesmo que as implicações práticas sejam um tanto semelhantes, embora Jesus seja visto como o elo único entre judeu e cristão, Israel e a Igreja.

Ao que respondemos da seguinte forma:

i. As Escrituras de fato sustentam a ideia de que o remanescente fiel de Israel (sete mil nos dias de Elias) ficou restrito a apenas um em Jesus? E quanto a Simeão e Ana, Natanael posteriormente e, acima de tudo, Maria, a mãe de Jesus? E Paulo teria falado sobre o remanescente escolhido de Deus pela graça "hoje também" (Rm 11.5), se não houvesse outros além de Jesus em algum momento?

ii. A figura da "ampulheta" dificilmente é compatível com a analogia que Paulo apresenta da oliveira, na qual ramos de oliveira brava (crentes gentios) foram enxertados "entre os outros" (Rm 11.17), referindo-se aos fiéis crentes judeus não cortados de sua própria árvore. Não há indícios de que estes tenham sido reduzidos a um.

iii. A falha crucial nessa ideia de "cumprimento" é a suposição de que todas as promessas feitas a Israel já foram cumpridas em Cristo e devem, portanto, ser reinterpretadas para que se encaixem no que ele disse e fez durante sua primeira vinda à terra. No entanto, há previsões tanto no Antigo quanto no Novo Testamento que ainda não aconteceram, as quais entendemos que foram adiadas até sua segunda visita ao nosso planeta. Ele deve reinar até que todos os seus inimigos estejam debaixo de seus pés (1Co 15.25). Jerusalém será pisada pelos gentios até que [...] (Lc 21.24). Judeus incrédulos permanecerão endurecidos até que chegue a plenitude dos gentios (Rm 11.25). Há muitas promessas no Novo Testamento que *ainda serão* cumpridas. E no Antigo Testamento, os estudiosos concordam que as promessas sobre a primeira e a segunda vinda de Jesus estão entrelaçadas, até mesmo integradas, como dois picos de montanhas vistos juntos através de um telescópio, mas com um vale entre eles. O que podemos afirmar é que todas as promessas de Deus foram ou serão cumpridas em Cristo. Acomodá-las todas em sua primeira vinda leva, inevitavelmente, a uma interpretação distorcida.

iv. Há uma ausência perceptível de qualquer explicação clara de como Jesus cumpriu em si mesmo a promessa de um retorno à terra. Ele nunca esteve exilado dela, a menos que o abandono por seu Pai durante sua crucificação seja compreendido dessa forma, mas parece uma analogia um tanto forçada.

Concluindo, tanto a teologia da "substituição" quanto a do "cumprimento" levam inevitavelmente à interpretação alegórica das promessas de Deus a Israel, e isso certamente gera variações, até mesmo divergências, sobre significado e aplicação. Veja, por exemplo, os diferentes sentidos atribuídos a "lobo" e "cordeiro" em Isaías 11.6. A maneira mais simples é entendê-los literalmente, como uma predição da redenção da natureza "vermelha em dente e garra",[91] pela qual toda a natureza criada geme (Rm 8.22). O que nos leva à última maneira de interpretar as promessas de um retorno à terra.

A quarta é a **literal**. Uma das acusações mais comuns contra os cristãos sionistas é que eles interpretam a Bíblia de forma muito literal. Curiosamente, Sizer dá um passo além. Após uma introdução em que apela a uma leitura mais literal das Escrituras, ele continua acusando os sionistas de serem "ultraliterais", sem realmente definir o que quer dizer — talvez sendo mais literais do que ele em sua interpretação bíblica ou sendo mais literais do que deveriam, na opinião dele.

Não conheço ninguém que interprete a Bíblia toda de forma literal. As passagens que indicam claramente o uso de linguagem figurada são compreendidas dessa forma; as passagens que contêm símbolos são interpretadas de acordo. No livro do Apocalipse, o dragão representa o diabo e a mulher escarlate, uma cidade. Mas por trás de cada símbolo e metáfora há realidades subentendidas.

O princípio implícito por trás da interpretação literal das Escrituras, a menos que seja claramente indicado o contrário, é a simples confiança de que Deus é totalmente fiel em suas palavras. Ele não está tentando ser enigmático ou misterioso. Os escritos inspirados não foram dirigidos a estudiosos ou teólogos, mas a pessoas comuns, na linguagem cotidiana. Talvez precisemos de ajuda hoje para saber a intenção dos autores ou a interpretação dos leitores originais, com

---

91. Lorde A. Tennyson. In Memoriam A.H.H.

informações sobre o contexto e a cultura.[92] Mas, na maior parte, tudo o que precisamos é uma mente aberta e o Espírito Santo.

Qualquer um que leia as promessas feitas a Israel sobre um retorno total e definitivo à sua própria terra presumirá que elas querem dizer exatamente isso — a menos que o próprio texto indique que o significado é outro! Quando lemos a Bíblia toda, nos deparamos com o texto que diz "Deus não é homem para que minta, nem filho do homem para que se arrependa. Acaso ele fala, e deixa de agir? Acaso promete, e deixa de cumprir?" (Nm 23.19; 1Sm 15.29).

Há, contudo, mais do que uma confiança ingênua no sentido claro das Escrituras. Poucos percebem como a Bíblia é, de fato, repleta de previsões sobre o futuro. Quase 1/4 dos versículos (24%) contém uma promessa de Deus sobre seus planos. No total, bem mais de 700 eventos futuros são previstos, a maioria apenas uma vez, alguns repetidamente e outros com muita frequência.[93] Destes, quase 600 já se tornaram realidade, 81%, para ser exato. Não é preciso muita fé para acreditar que o restante também se cumprirá.

Aquelas que eram previsões futuras e hoje estão no passado foram cumpridas literalmente. Para dar apenas um exemplo, Ezequiel profetizou que a cidade de Tiro seria lançada ao mar. Séculos depois, Alexandre, o Grande, marchou sobre a cidade, mas os habitantes fugiram para a segurança de uma ilha a meia milha da costa. Alexandre tinha um exército, mas não tinha marinha; porém não era à toa que Alexandre era chamado de "o Grande". Ele ordenou que a cidade deserta fosse destruída e que cada pedaço de pedra e madeira fosse usado para construir uma passagem que ligasse o mar à ilha, assim ele poderia matar ou capturar seus habitantes. A cidade atual fica no que hoje é uma península; o local da antiga cidade é uma rocha nua onde

---

92. Veja meu livro "A Chave para Entender a Bíblia".
93. A Segunda Vinda do Senhor é mencionada mais de 300 vezes.

os pescadores estendem suas redes para secar, exatamente como o profeta disse que seria (Ez 26.4-5). Nenhuma outra cidade na história, antes ou depois, teve tal destino. Pelos cálculos estatísticos, as chances de isso acontecer são uma em dez elevado à potência de 39!

Em outras palavras, se todas as profecias relacionadas ao primeiro advento[94] foram literalmente cumpridas, por que deveríamos pensar que aquelas relacionadas ao segundo advento seriam interpretadas de forma tão distinta? Por que deve ser considerado tolice interpretá-las todas literalmente? Haveria um esnobismo teológico em ação aqui?

Se "literalismo" significa interpretar de forma literal o texto bíblico que tenha a clara intenção de ser compreendido dessa forma, e interpretar metaforicamente o texto ou contexto que indique com clareza que deve ser compreendido dessa forma, então os cristãos sionistas aceitam alegremente esse rótulo. Se por "ultraliteral", Sizer quer dizer nenhum reconhecimento de que alguns textos bíblicos são alegóricos ou metafóricos, mas todos devem ser interpretados literalmente, a maioria dos sionistas, se não todos, protestariam. A única questão é definir quais textos bíblicos devem ser interpretados de uma ou de outra forma. Muitas vezes isso é decidido por pressupostos teológicos aplicados ao texto, e não pelo texto em si. Precisamos nos aprofundar no estudo e desenvolver a habilidade de deixar que a Bíblia fale por si mesma.

Antes de passarmos para outras razões – além das Escrituras – que nos levam a crer que Deus trouxe seu povo de volta à sua terra, talvez seja apropriado lidar com uma objeção comumente levantada pelos antissionistas. Eles perguntam: "Por que o Novo Testamento não diz nada sobre tal retorno?" É uma pergunta válida, porém carregada de certo ceticismo. No entanto, deve ser respondida.

O primeiro ponto é desafiar uma suposição implícita na

---

94. Nascido em Belém, criado na Galileia etc.

própria pergunta, a saber, que se algo não é declarado no Novo Testamento, o cristão deve entender que não é tão importante nem deve ser objeto de seu interesse. Nunca é demais enfatizar que o "cânon" (regra) das Escrituras para os cristãos engloba tanto o Antigo quanto o Novo Testamento, ambos são Palavra inspirada e autoritativa de Deus. Uma declaração no Antigo não precisa ser confirmada no Novo para ser aceita como verdadeira. Sugerir o contrário é cair na armadilha de ter "um cânon dentro do cânon", isto é, usar uma parte das Escrituras para testar a autenticidade de outra. É um erro comum, por exemplo, usar o Jesus dos Evangelhos para desacreditar o Jesus do Apocalipse. O que estamos dizendo é que o mero fato de não haver, no Novo Testamento, a repetição de promessas que são claras no Antigo Testamento, não é, por si só, razão suficiente para desconsiderá-las ou mesmo descartá-las.

Obviamente, quando o Novo Testamento declara especificamente que o conteúdo do Antigo Testamento deve ser alterado ou anulado, como no caso da aliança mosaica,[95] isso é categórico. Mas assumir, sem declarações claras nesse sentido, que promessas solenes feitas sob juramento são obsoletas ou alteradas drasticamente é certamente injustificado.

Há outras razões pelas quais a terra [território] não é tão proeminente no Novo quanto no Antigo Testamento. Uma delas é que a maioria dos livros do Novo Testamento foram escritos entre 70 d.C. e 135 d.C., a saber, antes do segundo exílio, portanto, nunca surgiu a questão de um retorno. Isso se aplica aos três primeiros Evangelhos, Mateus, Marcos e Lucas,[96] Atos e as cartas de Paulo. Dois livros, obviamente direcionados a leitores judeus, poderiam ter mencionado um retorno, mas foram escritos antes que os judeus tivessem partido. O Evangelho de Mateus foi escrito na década de

---

95. Veja o Capítulo 2.
96. Frequentemente chamados de "Sinóticos" por causa de seu contexto e ponto de vista comuns, tão diferentes de João.

60 d.C.[97] e Hebreus dificilmente teria argumentado contra o retorno dos judeus ao sacerdócio e aos sacrifícios se essas práticas já tivessem cessado.

O outro lado disso é que a maioria dos livros do Novo Testamento foram escritos – em grande parte, se não exclusivamente – para comunidades gentílicas, agora participantes com Israel (e não "como" Israel) nas bênçãos da nova aliança. Um retorno à terra era irrelevante para suas expectativas do futuro, sua "esperança" em Deus. No entanto, é extremamente significativo que em sua carta à igreja romana, uma comunidade mista de crentes judeus e gentios, Paulo destine uma seção (capítulos 9 a 11) diretamente aos gentios e os relembre de que são devedores aos judeus. É nesse contexto que ele afirma que Deus ainda tem um relacionamento especial com o Israel étnico, "seu povo", tanto com a maioria descrente que ele temporariamente "endureceu" quanto com o remanescente fiel, pois ambos fazem parte dos seus planos futuros de salvação. Ele acrescenta, quase como um aparte, que por trás de tudo isso está seu interesse e compromisso permanente com seus antepassados, "os patriarcas", Abraão, Isaque e Jacó. Os dons concedidos a eles são "irrevogáveis" (11.29). O único dom mencionado ao longo do relato da aliança abraâmica (Gn 12.7) é a terra como propriedade perpétua a seus descendentes. Esse versículo (Rm 11.29), por si só, é o endosso suficiente do Novo Testamento às promessas do Antigo Testamento de um retorno pleno e definitivo.

A terra tem um papel importante no Novo Testamento. É o palco em que o drama da nossa redenção foi encenado, o local do nascimento, vida, morte, ressurreição e ascensão de Jesus. É o berço da Igreja, que logo se espalha para outros países. Tudo isso é aceito e reconhecido. A questão crucial é se a terra de Israel figura em alguma previsão do Novo Testamento

---

97. Conforme comprovado por um fragmento na biblioteca do Magdalen College, em Oxford.

sobre o futuro ou se é simplesmente esquecida à medida que o mundo gentílico abraça a fé cristã.

Mesmo nos Evangelhos, há fortes indícios de que a terra terá um papel no futuro, especialmente nos eventos finais da era atual. Dentro do chamado sermão "profético" ou "apocalíptico" (revelação das coisas que virão) de Jesus, registrado em Mateus 24, Marcos 13 e Lucas 21, há referências específicas a Jerusalém. Em outras ocasiões, Jesus claramente antevê uma segunda visita à cidade (Mt 23.39).

É muito possível que, em Atos 3.21, haja uma referência às profecias não cumpridas de um retorno nacional à terra, pois Pedro, referindo-se à Segunda Vinda do Senhor, diz: "É necessário que ele permaneça no céu até que chegue o tempo em que Deus restaurará todas as coisas, como falou há muito tempo, por meio dos seus santos profetas". Cabe àqueles que acreditam que essa declaração exclui todas as promessas proféticas de uma reunião plena e definitiva do povo e sua terra provar seu ponto de vista. É praticamente certo que os ouvintes judeus de Pedro incluíram as promessas de um retorno quando ouviram essas palavras. Ele mesmo pode ter relembrado a última pergunta dos discípulos a Jesus antes de sua ascensão e a resposta de Jesus.[98]

O livro do Apocalipse retoma esses temas. A primeira metade se concentra no povo de Israel, todas as doze tribos da nação, e na sua sobrevivência durante os dias aterradores que virão (7.1-8). O enfoque da segunda metade está no local e nos eventos que acontecem em Jerusalém, no sul do país (11.8, "onde foi crucificado o seu Senhor") e no Armagedom, no norte (16.16). Não é simplesmente por razões nostálgicas que a capital metropolitana do novo universo recebe o nome em homenagem à capital judaica. Afinal, suas pedras estão inscritas com vinte e quatro nomes judeus e nenhum gentio. E foi Abraão que, esperando a cidade que desce do céu, se

---

98. Atos 1.6-7, discutido no Capítulo 2.

contentou em viver numa tenda provisória, mesmo em sua velhice (Hb 11.9-10).

EVIDÊNCIAS CIRCUNSTANCIAIS

Até agora, neste capítulo sobre "a terra", limitamos a discussão à relevância dos textos bíblicos, que é uma prioridade evidente entre os cristãos evangélicos. No entanto, as conclusões de uma cuidadosa *exegese* podem ser confirmadas por eventos da vida prática. Descobertas arqueológicas que destacam a precisão do registro bíblico são bem-vindas; fatos históricos podem igualmente contribuir para a confiabilidade da Palavra de Deus.

Os cristãos sionistas seriam desonestos se não admitissem que sua compreensão da soberania divina sobre a história e as profecias não cumpridas foi influenciada ou pelo menos explicada por eventos ao longo dos séculos 20 e 21. Esses eventos entram na categoria de "evidências circunstanciais", que sempre têm um efeito cumulativo. No tribunal, uma série de circunstâncias coincidentes podem ser apresentadas, nenhuma delas é em si uma prova conclusiva, mas todas juntas, na ausência de qualquer outra evidência, podem somar-se a um caso "sem margem para dúvidas".

Por exemplo, um homem está sendo julgado por assassinar sua esposa, empurrando-a de um penhasco, onde seu corpo foi encontrado. Ninguém o viu cometer o crime, por isso não houve o depoimento de uma testemunha ocular, e o caso baseou-se inteiramente em evidências circunstanciais. Entre outros fatos, descobriu-se que o relacionamento entre o homem e sua esposa estava abalado, eles brigavam constantemente; ele tinha uma amante e já havia reservado passagens de avião para Las Vegas para ambos e buscado autorização local para casamento; sua esposa era católica e havia recusado o divórcio; apenas uma semana antes da tragédia, ele havia feito um substancial seguro de vida para ela. Tudo isso, e particularmente o último item, convenceu o júri de sua ação, embora o ato em si não tenha sido testemunhado por ninguém.

Uma série de circunstâncias inusitadas, interpretadas em conjunto, confirmaram para muitos cristãos sionistas que Deus estava envolvido no renascimento do Estado de Israel, embora isso não tenha sido testemunhado de forma visível.

A primeira delas é sua sobrevivência como um povo com identidade própria, exposto aos riscos de assimilação e extermínio ao longo de dois milênios. Mesmo perdendo seu país, idioma, moeda e tantas outras coisas que compõem a autoconsciência de um povo, eles mantiveram alguns elementos de sua cultura (circuncisão, observância do sábado e dieta *kosher*) e, acima de tudo, uma longa memória de sua história, mantida viva por meio de festas como Páscoa e Tabernáculos. Sua sobrevivência como povo contrasta fortemente com a extinção de tantos impérios de seu tempo. Onde estão os assírios, os egípcios e os babilônios hoje? Submersos no mundo árabe, perdidos, exceto pelas ruínas que deixaram para a arqueologia. Israel, contudo, sobreviveu e está de volta ao mapa. Tudo isso poderia ser explicado pela mera determinação obstinada de ser diferente dos outros, mas Deus havia prometido não permitir que desaparecessem, enquanto a natureza seguisse seu curso (Jr 31.35-36). Coincidência ou providência?

A segunda é a surpreendente reversão de sua "sorte" em apenas alguns anos, no espaço de uma década, a década de 1940. Passar de vítimas do mais bárbaro dos horrores do genocídio sistemático para cidadãos livres em seu próprio país é algo sem precedentes na história humana. Que o recém-declarado Estado tenha sido reconhecido legalmente por uma votação majoritária nas Nações Unidas foi surpreendente o bastante, superado apenas pelo fato de que os Estados Unidos e a Rússia votaram em concordância pela primeira vez, embora a Rússia, posteriormente, tenha apoiado os inimigos de Israel. A Grã-Bretanha, tendo renunciado à responsabilidade pelo Mandato da Palestina, se absteve de votar.

A sobrevivência de Israel desde 1948 é tão surpreendente quanto sua sobrevivência ao longo dos séculos de diáspora.

A TERRA PROMETIDA

Embora não tão espetacular ou notória quanto a posterior Guerra dos Seis Dias, a Guerra da Independência, imediatamente após o estabelecimento do Estado, foi ainda mais surpreendente. Largamente superados em número e em armamentos por uma aliança de nações árabes determinadas a empurrar o recém-criado Estado para o mar, eles não apenas sobreviveram, mas formaram o sexto maior exército do mundo e dispõem de armas nucleares. Seria essa a razão pela qual a simpatia do mundo transferiu-se tão rapidamente para a causa árabe, esquecendo que, em 1948, o número de refugiados judeus e palestinos era igual, cerca de meio milhão cada?

Israel tem permanecido em estado de guerra praticamente desde seu estabelecimento entre as nações, com apenas intervalos temporários em que as hostilidades são suspensas entre os ataques. Mesmo durante essas pausas, o país teve que lidar com formas mais sutis de agressão, atualmente por meio de ataques com mísseis aéreos e homens-bomba. Se estes últimos tivessem matado a mesma proporção da população britânica, estaríamos lamentando a morte de 25 mil pessoas.

No entanto, eles sobreviveram, talvez em decorrência de sua determinação, até mesmo desespero, sabendo que seus inimigos podem se dar ao luxo de perder muitas guerras, mas eles não podem se dar ao luxo de ter uma derrota sequer. Este autor esteve nas Colinas de Golã, transportado em um jipe dirigido por um major israelense, logo depois da Guerra dos Seis Dias. Próximo da mira dos canhões sírios, fiquei impressionado com a vista da cadeia rochosa íngreme com os *kibbutzim* logo abaixo; mal conseguia acreditar que um território aparentemente tão impenetrável havia sido conquistado pelas forças israelenses. Quando perguntei ao major como isso era possível, ele respondeu silenciosamente apontando para o céu. Eu concordei com ele.

Muitos comentam sobre o contraste inegável entre a paisagem seca e árida durante o período da ocupação turca, no qual mal conseguiam alimentar sua escassa população, e a terra fértil e frutífera de hoje, que sustenta milhões de imigrantes judeus e árabes. A mudança pode ser atribuída ao esforço e à engenhosidade dos fazendeiros judeus e suas habilidades agrícolas recentemente adquiridas, mas há um fator que aponta claramente para uma ajuda sobrenatural.

Eu estava lendo a história da *aliyá* judaica quando me deparei com uma informação fascinante. Quando o primeiro grande grupo desembarcou na costa (na década de 1870), choveu de forma repentina e inesperada. Um rabino que fazia parte do grupo, com água da chuva escorrendo pela barba, louvou o Deus de Israel por esse "sinal" da bênção divina em seu retorno. Haveria fundamento teológico para o que ele fez? Eu decidi descobrir.

O irmão da minha esposa era meteorologista, tendo trabalhado inicialmente para a Força Aérea Real e depois para a Midlands TV. Perguntei se ele poderia obter algum registro das precipitações sobre a Palestina que remontasse ao período entre meados do século 18 e do século 20. Ele conseguiu. Transferi os números para um gráfico e, para meu completo espanto, descobri que estava desenhando um gráfico político também! Além do fato de que a chuva havia aumentado duas vezes e meia seu nível original durante todo o período, isso não havia acontecido de maneira uniforme, mas em etapas, correspondendo às ondas de imigração judaica! Quando isso diminuiu, principalmente durante as restrições britânicas, os números permaneceram estáveis ou até mesmo caíram. E a maior precipitação em cem anos aconteceu em 1948.

Infelizmente, vou desapontar os leitores que querem uma cópia do meu gráfico. Ele está em algum lugar no meu sistema de registro de patentes. Nunca pensei que escreveria sobre o assunto e até agora não consegui me dedicar a ele. Então você terá que acreditar em mim ou fazer sua própria pesquisa. Alguns céticos me disseram que a causa de tudo foi uma mudança no microclima, provocada pelos milhões de árvores plantadas nas colinas. Mas esse programa de reflorestamento só começou depois de 1948. Para mim, isso confirma o argumento com base em evidências circunstanciais.

Ao longo da história bíblica de Israel, a chuva, trazida por um vento ocidental carregado de umidade do Mediterrâneo, era um sinal da bênção divina, e a seca, trazida por um vento oriental quente e seco do deserto da Arábia (o temido *hamsin*), era um sinal da maldição divina. Nos dias de Elias, lemos sobre os três anos e meio da seca que chegou ao fim quando o profeta desafiou os profetas de Baal (1Re 17–18). Muitos ficaram tão acostumados a interpretar a bênção (e ignorar a maldição!) em Malaquias (3.9-10) que perderam o significado de "vou abrir as comportas[99] do céu e derramar sobre vocês tantas bênçãos [...]". Se Deus ainda é o Santo de Israel, Israel ainda é "seu povo" (Rm 11.1) e a terra ainda é deles (Rm 11.29), então faz sentido bíblico que ele suprisse sua necessidade mais urgente, água, sem a qual eles seriam incapazes de permanecer na terra.

Resumindo este capítulo, o conjunto da soberania divina sobre a história, as profecias não cumpridas nas Escrituras e as evidências circunstanciais da história e da geografia tem convencido os cristãos sionistas de que nem o povo nem sua terra deixaram de ser importantes para Deus.

Podemos acrescentar ainda um comentário sobre o fato de Sizer apropriar-se de versículos do Antigo Testamento que instruem Israel a lidar generosamente com estrangeiros ("forasteiros") dentro de seu território e usá-los para criticar o Estado de Israel hoje pelo tratamento dispensado a árabes israelenses e palestinos. Eu me pergunto se Sizer percebe que, ao fazer isso, ele está praticamente reconhecendo que essas restrições só se aplicam quando os israelitas ocupam a terra que é deles por direito. Já disse o suficiente.

---

99. N.T.: A ARA traduz como "janelas".

5

A SEGUNDA VINDA

Todos os cristãos concordam que nosso Senhor Jesus Cristo virá do céu para a terra, ou pelo menos afirmam acreditar em seu retorno sempre que recitam um credo tradicional. Mas a concordância só vai até esse ponto. São numerosas e profundas suas divergências sobre todo o restante, exceto o fato fundamental de que muitos cristãos deixaram de falar e de até pensar sobre isso. A preocupação com a unidade cristã produziu uma espécie de "acordo entre cavalheiros" de não discutir tais assuntos na cordial sociedade ecumênica, com receio de gerar divisão entre os cristãos sobre uma questão que muitos agora consideram "secundária", de pouco valor prático, com uma variedade de opiniões e convicções ofensivas.

O resultado disso é que o retorno do Senhor deixou de ser um tema relevante entre os cristãos, mesmo sendo mencionado mais de 300 vezes na Bíblia. Poucas canções de adoração contemporâneas falam sobre isso. Um exemplo raro prevê seu segundo advento como um bebê em uma manjedoura! Resumindo, substituímos uma fé escatológica focada no futuro por um amor existencial focado no presente. E a esperança é agora a mais fraca das três virtudes cardeais, vítima de uma geração que vive para o aqui e agora.

O que tudo isso tem a ver com o sionismo? Bem, para começar, todos os sionistas são muito escatológicos, bem desconectados das tendências atuais, tanto dentro quanto fora da Igreja. Eles pensam e falam muito sobre "a Segunda Vinda". A maioria, se não todos, adota o que é chamado de posição "pré-milenista", o que os coloca em desacordo com a maioria "amilenista" e a minoria "pós-milenista" no Reino Unido.[100]

Há uma conexão clara entre a escatologia e a atitude em relação ao Israel moderno. Nossa posição a respeito de uma afeta nossa posição sobre a outra e vice-versa. Elas estão inevitavelmente interligadas.

Já mencionei, no Capítulo 1, que os sionistas dispensacionalistas tornaram essa ligação muito forte. Ao pensar no retorno do povo judeu como o único sinal necessário para a volta *iminente* de Jesus para "arrebatar" os santos, eles fomentaram uma expectativa doentia e especulativa que pode levar ao desapontamento e à desilusão. Embora o Novo Testamento indique que o retorno dos judeus é um pré-requisito necessário para o retorno de Jesus, em nenhum lugar lemos que esse é um "sinal" de sua chegada iminente.

Então, o que os sionistas "clássicos" pensam sobre a Segunda Vinda e como isso os difere dos antissionistas "pactualistas" como Sizer? Talvez a maneira mais simples de responder a essas perguntas seja analisando algumas questões simples sobre a volta de Jesus, a saber: como, onde, quando e, acima de tudo, por quê?

COMO ELE VOLTARÁ?

Sizer lista "seis coisas das quais podemos ter certeza" — que seu retorno será pessoal, visível, inconfundível, repentino, inesperado e glorioso. Alguns desses elementos precisam ser examinados. Por exemplo, será inesperado apenas para os descrentes e crentes sonolentos (1Ts 5.1-8). Da mesma

---

100. Explicaremos esses termos posteriormente.

forma, "repentino" quer dizer "sem aviso prévio", ao passo que aqueles que observam os "sinais" que Jesus nos deu estarão totalmente cientes de sua aproximação.

Mas o que chama a nossa atenção na lista de Sizer são as omissões. Ele não menciona que a vinda será acompanhada, seja pelos anjos ou pelos santos que partiram, esvaziando assim o céu de muitos de seus habitantes.

Muito mais significativo é que ele evita quaisquer adjetivos que indiquem um retorno físico, o que a igreja primitiva chamava de seu retorno "corpóreo". Tomando literalmente como base a predição dos anjos em sua ascensão – "Este mesmo Jesus[...] voltará da mesma forma como o viram subir" (At 1.11) – não é presunção assumir que ele retornará não apenas "com", mas "em" seu corpo ressuscitado, que era capaz de ser tocado, podia comer peixe e preparar o café da manhã. Por que Sizer não adiciona "tangível" a "visível" e "físico" a "pessoal"? Existem duas explicações possíveis, uma genérica, não diretamente relacionada a Israel, e outra específica, fortemente relacionada a Israel.

A explicação genérica é que, no século 5, "Santo" Agostinho, bispo de Hipona, Norte da África, reinterpretou a fé cristã, posteriormente em seu ministério, usando como base a estrutura da filosofia grega, que deprecia o físico e valoriza o espiritual, e essa abordagem foi uma grande influência na Igreja Ocidental, tanto Católica quanto Protestante. Essa rejeição a tudo o que é físico levou a uma atitude negativa em relação ao sexo (o celibato é mais "sagrado"), à vida após a morte (a imortalidade da alma substituiu a ressurreição do corpo, e a nova terra desapareceu de vista) e a outras doutrinas – todas elas são uma negação de Deus como o Criador da matéria. Em relação à Segunda Vinda, tornou-se muito mais difícil imaginar um Jesus físico retornando a um mundo físico.

É bastante provável que o motivo para isso seja o fato de que retornar com um corpo físico significa retornar a um lugar físico na terra. Mesmo em seu corpo ressurreto, Jesus não podia estar em dois lugares ao mesmo tempo, embora pudesse se mover rapidamente de um lugar para outro (Lc 24.33-36). No entanto, ele "estava indo" da Judeia para a Galileia (Mc 16.7). Tudo isso leva à próxima questão.

PARA ONDE ELE VOLTARÁ?

Visto que ele voltará da mesma *forma* que subiu ao céu (At 1.11), será que voltará para o mesmo *lugar*? Tanto o Antigo quanto o Novo Testamento parecem concordar neste ponto: ele voltará para Jerusalém e seus arredores (Zc 14.4; Mt 23.37-39).

Há algum tempo, a Aliança Evangélica de Londres organizou um seminário sobre Israel e surpreendeu-se com o grande número de participantes. Infelizmente, eles caíram na mesma armadilha de presumir que só existem duas posições e, portanto, convidaram apenas dois palestrantes, o antissionista Stephen Sizer e o sionista dispensacionalista Tony Pierce. Os demais participantes foram limitados a uma pergunta. Perguntei a Sizer qual seria o local para onde Jesus voltaria. Não consigo me lembrar das palavras exatas, mas sua resposta foi vaga e evasiva.

Só podia ser. Se você acredita que a volta de Jesus será física e pessoal, tangível e visível, em uma palavra "corpórea", então é preciso acrescentar outro adjetivo: será "local". Ao fazer essa afirmação, o lugar precisa ser identificado. Nunca ouvi ninguém dizer que esse local será Roma ou Genebra, Cantuária ou Moscou. Todas as opiniões que encontrei são favoráveis a Jerusalém.

Mas essa afirmação gera problemas reais para o antissionista. Um dos seus axiomas básicos é que a terra de Israel e sua capital há muito deixaram de ter qualquer significado para o Senhor, mesmo que ele ainda tenha planos para o povo judeu. Então, a pergunta "Por que, entre tantos lugares, Jesus retornaria a Jerusalém?" torna-se um verdadeiro embaraço. A única resposta possível é que o lugar, assim como o povo, ainda é essencial para os propósitos divinos.

É por essa razão que Sizer e outros evitam cuidadosamente qualquer linguagem que implique uma localização física do retorno de Jesus? A omissão fala mais alto que palavras.

QUANDO ELE VOLTARÁ?

A resposta mais básica é: somente Deus sabe. Nenhum ser humano sabe, nenhum anjo sabe, nem mesmo Jesus, o Filho de Deus, sabe quando será (Mt 24.36). O Pai determinou a data em seu calendário, mas não cabe a nós saber (cf. At 1.7).

Portanto, não passa de especulação a atitude insensata de cristãos que tentam prever essa data. Até mesmo cristãos conceituados tentaram fazer previsões. Martinho Lutero e John Wesley arriscaram sugestões, mas foram sensatos o suficiente para determinar datas muito posteriores à sua morte, assim nunca tiveram que reconhecer que estavam errados! Várias seitas contemporâneas basearam-se em previsões dessa data,[101] mas todas tiveram que explicar seus erros com um racionalismo pouco impressionante. Todas essas suposições provaram ser equivocadas até agora.

Isso, contudo, não significa que os cristãos estarão totalmente desinformados, sem nenhum sinal a ser observado, nenhum aviso de sua aproximação. Já descartamos o ensino dispensacionalista nesse sentido, a teoria do "iminente", a qualquer momento, em qualquer dia.[102]

Os antissionistas e os sionistas clássicos parecem concordar que Jesus nos deu "sinais" de sua vinda, principalmente nas passagens "apocalípticas", como Mateus 14, Marcos 13 e Lucas 21. Sizer lista alguns deles, primeiramente com ironia, para mostrar "como é fácil brincar com o texto bíblico", porém posteriormente com mais seriedade. Então ele faz a afirmação bastante surpreendente de que esses "sinais" não têm utilidade alguma para indicar o momento da Segunda Vinda!

---

101. A doutrina de 1914 é uma das mais importantes para as Testemunhas de Jeová.
102. Não posso chamá-la de "teologia" porque não acredito que seja bíblica.

Ele argumenta isso alegando que os sinais podem ser vistos há dois milênios, desde a primeira vinda (guerras, terremotos etc.), e que quaisquer eventos políticos descritos na Bíblia, especificamente no Oriente Médio, já foram cumpridos na queda de Jerusalém em 70 d.C., por isso não devemos aguardar nenhum cumprimento posterior no futuro.

Para dizer o mínimo, essa parece ser uma resposta um tanto estranha e até enganosa à pergunta direta dos discípulos: "Qual será o sinal da tua vinda e do fim dos tempos?" (Mt 24.3). Se fosse assim, a resposta de Jesus teria sido: "Nenhum sinal especial precederá esses eventos".

Isso é ignorar a *sequência* desses "sinais", que culminam no eclipse total do sol, da lua e das estrelas na esfera celeste, após eventos específicos na terrestre. Parece haver uma intensificação, talvez uma aceleração, deste último, mesmo na natureza, em direção ao "fim dos tempos".

Os sionistas concluem, portanto, que os "sinais" são indicativos do momento de seu retorno. Eles acreditam que os cristãos atentos, que vigiam e oram, terão primeiro uma percepção da proximidade e, então, progressivamente, a certeza de que "ele está às portas" (Mt 24.33). O que os impede de se sentir superentusiasmados ou de entrar em pânico é o simples fato de que nem todos os "sinais" são claramente visíveis ainda, como, por exemplo, o ódio universal e a perseguição aos cristãos (Mt 24.9), embora a velocidade crescente das mudanças nas questões globais possa afetar isso muito rapidamente.

POR QUE ELE VOLTARÁ?
Essa questão inclui uma série de questões secundárias. O que ele deixou de fazer em sua primeira vinda que exige uma segunda? Quanto tempo ele precisará ficar desta vez? Por que precisa trazer de volta consigo a multidão de crentes que já estão no céu?

Para muitos crentes comuns, a resposta simples, com base

em João 14.3, é que ele está voltando para nos levar ao céu, ou pelo menos levar os que ainda estiverem na terra naquele momento. No entanto, isso levaria apenas alguns minutos e dificilmente exigiria sua presença física. Poderíamos ser levados daqui como Enoque e Elias foram, para nos encontrar com o Senhor no céu. Tudo parece logisticamente desnecessário, especialmente se ele trouxer consigo "aqueles que nele dormiram" (1Ts 4.14), milhões deles, apenas para levá-los de volta logo depois. Por que realizar a grande reunião aqui embaixo, e não lá em cima?

Certamente ele deve ter algo para fazer na terra que exige sua presença física, assim como a de todo o seu povo. Outros textos deixam claro que, quando ele voltar, os crentes receberão seus novos corpos glorificados, como o seu corpo glorioso: os crentes que há muito tempo morreram, tendo voltado ao pó do qual foram feitos, ressuscitarão primeiro, e os crentes que estiverem vivos na ocasião serão transformados num piscar de olhos. Um corpo físico não é necessário para a vida no céu, mas é necessário para a vida na terra, uma indicação de que todos os cristãos farão parte do que Jesus está voltando para fazer. Mas o que seria?

Os credos tradicionais afirmam que ele virá para conduzir o "Dia do Juízo", no qual toda a raça humana, "os vivos (vivos e em movimento) e os mortos" serão julgados. Esse dia certamente chegará e Jesus será aquele que se assentará no "grande trono branco" (Mt 25.31; At 17.31; Ap 20.11). Mas esse último texto acrescenta que o julgamento, com base em registros escritos, ocorrerá depois que o universo, o céu e a terra, tiverem desaparecido e não houver "lugar para eles". Então essa não pode ser a razão para seu retorno à terra, a menos que ele venha primeiramente para banir a terra antes de assumir o julgamento.

Chegamos à maior diferença entre os sionistas de um lado, tanto dispensacionalistas quanto clássicos, e do outro, antissionistas e um vasto número de não sionistas (sem perspectiva sobre Israel). Quase todos os sionistas acreditam que Jesus voltará para reinar sobre as nações deste mundo por um longo, porém limitado, período antes que este universo passe e o Juízo Final aconteça. "Altas vozes no céu" anunciarão que "o reino do mundo se tornou o reino de nosso Senhor e do seu Cristo" (Ap 11.15). Ele obviamente precisará da ajuda daqueles que redimiu com seu próprio sangue "de toda tribo, língua, povo e nação [...] e eles reinarão sobre a terra" (Ap 5.9-10). Alguns "governarão sobre dez cidades" (Lc 19.17).

Citei esses textos porque muitos pensam que a única base para essa crença em um reinado terreno de Cristo é Apocalipse 20.1-6. Essa, contudo, é uma passagem-chave e precisa ser cuidadosamente examinada e interpretada.

Poucos discordam de sua mensagem básica: Jesus e seu povo "feliz e santo" reinarão por um período prolongado. Mas aí termina toda a concordância. Respostas radicalmente diferentes são dadas às questões essenciais sobre onde e quando será esse "governo".

Primeiro, "onde?" O livro de Apocalipse é singular no Novo Testamento, pois fala sobre alternâncias de foco: da terra para o céu e do céu para a terra (por exemplo, 4.1). Portanto, o contexto de cada "cena" do drama é importante. O capítulo 20 claramente se passa na terra ("do céu" no versículo 1, "da terra" nos versículos 8 e 9, etc.). O reino é na terra, não no céu.

Segundo, "quando?" Pode parecer um tanto óbvio apontar que o capítulo 20 vem após o capítulo 19 e precede o capítulo 21, mas o bom senso diz que há uma sequência cronológica aqui, que o reinado de Cristo e seus santos virá após seu retorno à terra, mas antes do novo céu e da nova terra. Outra característica encontrada no livro como um todo reforça essa conclusão: as várias séries de sete. Sete candelabros de ouro e sete estrelas (capítulo 1); sete cartas para sete igrejas, cada uma com sete partes (capítulos 2–3); sete espíritos de Deus, com sete chifres e sete olhos (capítulos 4–5); sete selos (capítulos 6–7); sete trombetas (capítulos 8–9); sete cálices de ira (capítulos 15–16). Há, contudo, uma última série de sete, que passa despercebida por muitos leitores, em parte porque está distribuída em três capítulos. A divisão em capítulos nunca fez parte da Palavra inspirada de Deus; foi feita por um bispo séculos depois que o "cânon" das Escrituras foi concluído, muitas vezes separando o que Deus havia unido.[103] Leia os capítulos finais de Apocalipse direto, sem parar nos números dos capítulos, e perceberá claramente essa continuidade. Outra característica do livro como um todo é que ele revela o último grupo de "sete", a revelação divina que é dada alternadamente na forma verbal (vozes) e visual (visões). O texto de 19.10 encerra uma seção do que João "ouve", que é retomada em 21.3. No meio, há uma série de visões – "e eu vi" – que revelam sete eventos:

i. O retorno de Jesus — em um cavalo branco de guerra (19.11-16)
ii. A "batalha" do Armagedom — prelúdio e corolário (19.17-21)
iii. A prisão de Satanás (20.1-3)
iv. O reinado de Cristo e seus santos (20.4-6)
v. A libertação de Satanás e "batalha" final, Gogue e Magogue (20.7-10)
vi. O Dia do Juízo (20.11-15)
vii. Novo céu e nova terra — nova Jerusalém (21.1-2)

Fica claro no próprio texto que esses eventos devem ser lidos como uma sequência cronológica, por exemplo, 20.10 se refere a 19.20 como um evento passado. Quase todos os estudiosos da Bíblia aceitam esta sequência: Segunda Vinda, Dia do Juízo, novo céu e nova terra. Muitos, contudo, removem tudo o que há entre os dois primeiros e inserem em outro ponto do calendário, de forma bastante arbitrária, como veremos. Eles

---

103. Observe as divisões entre Gênesis 1 e 2, Isaías 52 e 53, Atos 18 e 19.

deveriam, no mínimo, reconhecer que a série de visões veio a João em uma sequência cronológica!

Acreditar que as visões indicam uma sequência cronológica de eventos é assumir a posição "pré-milenista", ou seja, que Jesus retornará antes do seu reinado sobre a terra com seus santos, daí o prefixo "pré-"! É lamentável que essa concepção tenha se tornado tão associada ao dispensacionalismo. Todos os dispensacionalistas são pré-milenistas, mas de forma alguma todos os pré-milenistas são dispensacionalistas. Os registros que temos sugerem que a igreja dos primeiros séculos era pré-milenista, pois acreditava que Jesus retornaria para um "reinado corpóreo na terra",[104] séculos antes de qualquer traço dispensacionalista.

Os pré-milenistas interpretam Apocalipse 20.1-10 em seu sentido mais simples e direto, acreditando que todo o livro foi escrito para cristãos comuns, e não em um código obscuro compreendido apenas por especialistas. Isso não significa que interpretem todo o Apocalipse em seu sentido literal. Ninguém o faz. Todos reconhecem que há muitos simbolismos: alguns são bem óbvios e alguns são explicados no próprio contexto imediato (o dragão é o diabo) ou em outras passagens das Escrituras com equivalentes; alguns poucos são obscuros e ainda nos intrigam, geralmente porque estamos muito distantes dos leitores originais em tempo, lugar e cultura. O contexto, contudo, indica em que pontos o texto é simbólico. Afirmar que tudo é simbólico é tão equivocado quanto afirmar que não há simbolismo algum. E por trás de cada símbolo há um fato sendo retratado. Portanto, todo o livro de Apocalipse está apontando para fatos e precisa ser interpretado factualmente.

Os sionistas clássicos consideram como fato que: (a) Jesus retornará à terra para guerrear contra os líderes e forças que reprimiram e perseguiram seu povo, ele os derrotará na "mãe de todas as batalhas", que não se trata de fato de uma batalha,

---

104. Papias, Bispo de Hierápolis.

pois ele os aniquilará com sua língua, como uma vez fez secar uma figueira; (b) o diabo ficará totalmente inoperante, enquanto Jesus e seus santos governam o mundo em retidão "por mil anos", mas Satanás será libertado para enganar o mundo mais uma vez e para sua condenação final.[105]

A frase "mil anos" é interpretada literalmente, na ausência de qualquer indicação de que não deveria ser. Afinal, ela é mencionada seis vezes, duas vezes com o artigo definido [os mil anos]. Quantas vezes Deus precisa afirmar algo para que o levemos a sério? Mesmo aqueles que interpretam a frase simbolicamente concordam que significa um longo período.

O substantivo "ressurreição" é interpretado literalmente e sempre aplicado ao corpo. A palavra "primeira" é interpretada literalmente, significando que haverá duas ressurreições, uma no início do Milênio para os "santos", e a outra no final, para o "restante dos mortos". A primeira é mencionada de várias maneiras em outros pontos do Novo Testamento como "a ressurreição dos justos" (Lc 14.14) ou "a ressurreição dentre os mortos" (Fp 3.11). A propósito, o versículo 10 também é interpretado literalmente para provar que o inferno é um lugar de tormento perpétuo, primeiro para os dois agentes humanos de Satanás, o Anticristo e o falso profeta, depois para o próprio Satanás e, mais tarde, para aqueles cujos nomes não forem encontrados no livro da vida.[106] Essa foi a maldição do "fogo eterno", pronunciada pelo próprio Jesus (Mt 25.41). Aniquilacionistas, por favor, lembrem-se disso.

Essa é, então, a posição "pré-milenista", interpretando literalmente o que parece ser apresentado como fato. De que outra forma os leitores originais, cristãos comuns da região sudeste do território que é hoje a Turquia, interpretaram o texto? Por que então os cristãos hoje estão tão divididos? O que mudou?

---

105. Poucos percebem que há mais informações nessas passagens sobre o destino de Satanás do que sobre o dos santos!
106. 20.15; cf. 3.5 e 21.7-8, as últimas referências claramente dizem respeito aos crentes que não conseguiram vencer.

Simplificando, os primeiros dez "versículos" do "capítulo" 20 foram tirados de seu contexto, da sequência de visões e, portanto, da sequência de eventos. O Milênio é então inserido na História da Igreja *antes* do retorno do Senhor, segundo a visão "pós-milenista". Ou seja, Jesus retorna após o Milênio. Tecnicamente falando, há apenas duas posições básicas, a "pré-" e a "pós-", com suas respostas completamente contraditórias à pergunta: "Quando ele voltará?"

No entanto, houve uma subdivisão adicional entre os pós-milenistas, introduzindo uma terceira vertente no debate. Teria sido mais preciso usar o mesmo substantivo para ambos, pois ambos posicionam o Milênio no período que antecede a Segunda Vinda, e adjetivos distintos para indicar uma diferença secundária. Farei isso, mas indicarei como e por que os diferentes nomes surgiram. Ambos os grupos reivindicam o livro de Agostinho, Cidade de Deus, como sua fonte. Ele foi o primeiro pós-milenista, mas foi um tanto ambíguo em sua aplicação.

O grupo que chamarei de "pós-milenista político" interpreta os "mil anos" literalmente e se aplica à fase final da História da Igreja anterior ao retorno de Cristo. Até então, o mundo terá sido "cristianizado". Isso não significa que todos terão se convertido, mas haverá um número suficiente de cristãos para assumir todos os governos. O Reino de Deus, portanto, terá sido estabelecido na terra pela Igreja, como um fato consumado a ser apresentado ao Rei dos reis em seu retorno, embora tenha sido alcançado em seu nome e pelo poder de seu Espírito.

Obviamente, isso significa que Jesus deverá retornar só daqui uns mil anos, pelo menos, talvez muito mais do que isso, pois não estamos nem perto de assumir o controle, mesmo depois de dois mil anos. Então, aqueles que pensam dessa forma dificilmente pensam sobre seu retorno, muito menos o pregam.

Muitos hinos missionários do final do século 19 e início do século 20 refletiam esse otimismo, do tempo em que o Império Britânico estava crescendo e espalhando tanto a fé quanto a civilização ocidental. Duas guerras mundiais foram um sério revés para esse otimismo e para essa vertente do "pós-milenismo". Nos últimos anos, contudo, houve um renascimento fugaz, sob os títulos de "restauracionismo" no Reino Unido e "reconstrucionismo" nos EUA.

O avivamento de Israel como nação não é abarcado nesse esquema. A revista britânica *Restoration*, após uma tiragem bem-sucedida, dedicou uma edição inteira ao antissionismo — e saiu de circulação logo depois.

Mas há outro grupo, que chamo de "pós-milenistas espirituais". Para eles, os "mil anos" são simbólicos e abrangem o período ou a duração de toda a História da Igreja entre o primeiro e o segundo advento de Cristo. Como já se passaram dois mil anos, os "mil anos" devem ser interpretados metaforicamente, assim como muitos de seus detalhes descritivos. O reinado de Cristo deve ser no céu, e não na terra, e os santos que o compartilham são divididos entre aqueles que já estão no céu (a igreja triunfante) e aqueles que ainda estão na terra (a igreja militante), embora a coordenação dos dois seja um mistério. O reino é demonstrado na terra, na Igreja e pela Igreja, nas situações específicas em que Satanás é derrotado. Embora a influência política possa ser esperada, o domínio político não é previsto.

Não haverá reinado de Cristo na terra após seu retorno. O Dia do Juízo e da criação do novo céu e da nova terra acontecerá imediatamente. A restauração física de "Israel", seja do povo ou do lugar, não tem parte na série dos eventos, embora alguns prevejam um avivamento espiritual entre os judeus que levará muitos para a Igreja antes do fim (com base em Romanos 11.26). Todos os pós-milenistas compartilham uma atitude negativa em relação ao Estado de Israel moderno.

Como os pós-milenistas "espirituais" se distinguem do dos pós-milenistas "políticos"? Eles deixaram o rótulo de "pós-milenistas" para a vertente política, embora eles também sejam "pós-", e cunharam um novo rótulo para si mesmos:

"amilenistas". É um nome enganoso, visto que o prefixo "a-" nega tudo a que está ligado, como em "ateu", alguém que nega a existência de Deus (*theos*, em grego). "Amilenistas" não negam o Milênio. Na verdade, eles acreditam que já estamos nele!

Isso, contudo, gera problemas reais quando se trata da aplicação de Apocalipse 20 ao presente. Já observamos que envolve uma revisão radical da cronologia. Acredita-se que o capítulo "20" marque o início de uma digressão, na verdade um "flashback" no tempo, descrevendo um período antes dos eventos descritos no capítulo 19. Mas esse é apenas o início das seguintes reinterpretações das descrições dos eventos do Milênio:

i. O anjo que lida com o diabo deixa de ser um servo, criatura de Deus, como em todas as outras ocorrências neste livro e, na verdade, em todo o Novo Testamento, e se torna o Filho de Deus Criador, o próprio Jesus, que "amarrou" Satanás em sua primeira visita à terra, seja no início de seu ministério (Mt 12.29) ou no final (Jo 12.31).

ii. As cinco palavras que descrevem o que acontece com o diabo[107] são reduzidas a uma, "acorrentado", ignorando as outras. Uma que abrangeria todas elas é "banido", pois está claro que ele estará totalmente afastado de sua antiga esfera de influência, o mundo, e completamente incapaz de prosseguir com suas atividades enganosas. Mas se os amilenistas acreditam que isso já aconteceu, como explicam o ensinamento do Novo Testamento de que ele "anda ao redor como leão, rugindo e procurando a quem possa devorar"? Negando que ele esteja trancafiado e selado no "abismo" (as profundezas da terra) e sugerindo uma corrente muito longa que lhe permite alcançar qualquer lugar do mundo! "Para impedi-lo de enganar as nações" é reduzido a "não pode impedir que o evangelho se espalhe e liberte seus súditos".

iii. "A primeira ressurreição" não é a do corpo, apenas

---

107. Capturado, acorrentado, lançado, trancado e um selo é colocado sobre ele.

da alma, e se refere a indivíduos "ressuscitados da morte do pecado" (Ef 2.1). Assim, acontece todos os dias, não em um dia específico. A segunda ressurreição é a do corpo, todos no mesmo dia. Essa distinção entre os dois eventos significa que a expressão "voltar a viver" ou "ressuscitar" muda totalmente de significado do versículo 4 para o versículo 5.

Poderíamos continuar, mas já dissemos o suficiente para mostrar como os amilenistas tratam Apocalipse 20. Aparentemente nada do que está escrito pode ser interpretado literalmente, então precisamos que os teólogos nos expliquem. Pobres leitores originais, que aparentemente interpretaram tudo de forma literal, a julgar pelas visões da igreja primitiva. Deixo que os leitores decidam por si mesmos se as "explicações" acima são realmente interpretação ou manipulação do texto para que se ajuste a uma conclusão pré-concebida.

Eu me aprofundei nessa questão porque Sizer o faz. Acredito que todos os cristãos precisam conhecer o debate e chegar às suas próprias conclusões e convicções. As diferentes visões têm efeitos profundos nas atitudes em relação a Israel hoje. A maioria dos anglicanos evangélicos, por exemplo, provavelmente se consideraria "amilenista", como os principais reformadores protestantes Lutero e Calvino, o que talvez explique a ignorância e a indiferença generalizada em relação a Israel.

No nível popular, um número crescente está evitando a controvérsia, refugiando-se sob o rótulo de visão "pan-milenista", que pode ser entendida como a simples confiança de que "no final, tudo vai acabar bem de qualquer maneira" ou, em outras palavras, "por que se preocupar com isso agora?" Mas essa piada irreverente praticamente lança Apocalipse 20 na cesta de lixo na pior das hipóteses ou na "pilha de pendências" na melhor delas. Os que fazem isso precisam ser lembrados da terrível consequência de perder um lugar nas bênçãos futuras de Deus (22.19).

Sizer não se alinha claramente com nenhuma posição, embora a leitura nas entrelinhas sugira que ele se inclina para a típica posição anglicana amilenista. No entanto, ele menciona com simpatia uma quarta posição, que ele chama de "preterista". Se "pré-" situa o Milênio no futuro, *após* o retorno de Jesus, "pós-" o situa no futuro, mas *antes* do retorno de Jesus, e "a-" situa o Milênio no presente, essa "quarta visão" o posiciona no passado, tendo tudo se cumprido na primeira geração após a primeira vinda de Jesus! Essa contribuição nova e recente não agrega nada além de mais confusão, na minha opinião. Será que Sizer, ao introduzi-la, espera tornar o debate tão complexo a ponto de desencorajá-lo completamente?

Embora Sizer não deixe claro qual visão ele próprio defende, ele deixa abundantemente claro qual ele não defende — a pré-milenista. Sua crítica a essa visão é severa. Ele parece não saber que era a visão sustentada pela igreja primitiva, mas está muito ciente de que é a visão sustentada pela maioria dos sionistas, particularmente os dispensacionalistas, alvo principal de suas polêmicas. Sua principal acusação é que os pré-milenistas são extremamente "pessimistas" sobre o futuro imediato. Eu concordo que eles defendem uma filosofia "apocalíptica" da história, que pode ser simplesmente resumida em uma declaração dupla — as coisas vão piorar muito antes de melhorar, mas vão melhorar muito depois de piorar.

Essa declaração é um bom esboço do conteúdo do livro de Apocalipse, bem como dos livros dos profetas no Antigo Testamento. Pode-se dizer que resume a filosofia bíblica da história: pessimista sobre o futuro imediato, otimista sobre o futuro final. Está perfeitamente encapsulada na parábola de Jesus sobre o trigo e o joio. O bem e o mal, as obras de Deus e Satanás, crescerão rumo à maturidade [tempo de colheita] e estarão progressivamente em tensão, competição e confronto, até que a questão seja resolvida pela intervenção sobrenatural. Com base nisso, acredito que os pré-milenistas estão sendo realistas, e não pessimistas. Certamente eles não partilham do otimismo da expectativa pós-milenista de que a Igreja dominará o mundo, nem do otimismo dos amilenistas de que as coisas não ficarão piores do que estão agora e talvez fiquem até um pouco melhores. É interessante notar que o humor da sociedade mudou radicalmente do otimismo no início do século 20 ("progresso" era a palavra de ordem) para o pessimismo no final do século. Esse clima foi transportado para o século 21 ("sobrevivência" é a palavra de ordem). Poucos hoje defenderiam a ideia de que o mundo está ficando cada vez melhor. Em questões de saúde e riqueza, para alguns, sim. No que se refere à paz e felicidade, para muitos, não. A lacuna entre ricos e pobres está aumentando. Bilhões são gastos em exploração espacial e armas de destruição em massa, enquanto milhões de pessoas passam fome. Os pré-milenistas estariam completamente enganados ao depositar suas esperanças no retorno de Jesus e seu reinado de paz e justiça sobre o mundo, gerando desarmamento multilateral e paz mundial? Ou será que Isaías 2.4 é mais uma profecia do Antigo Testamento que não deve ser interpretada literalmente?

A esperança, além da fé e do amor, é uma dimensão vital da vida cristã. É uma "âncora da alma" (Hb 6.19). Mas uma âncora não serve para nada enquanto estiver exposta no convés, por mais forte que seja a impressão que ela cause. Ela deve estar fora de vista, alinhada à realidade sólida para segurar o navio contra a maré e a tempestade. A esperança cristã não pode descansar nas areias movediças da especulação humana, mas deve se agarrar à rocha sólida da revelação divina. Nós "aguardamos a bendita esperança: a gloriosa manifestação de nosso grande Deus e Salvador, Jesus Cristo" (Tt 2.13).[108]

---

108. *Nota:* Para uma discussão muito mais detalhada das questões levantadas neste capítulo, veja meu livro *Quando Jesus voltar* (Anchor, 2023) e a seção final de *A Chave para Entender a Bíblia* (Anchor, 2018).

CONCLUSÃO
As consequências

Supondo que eu esteja errado! Esse pensamento me assombrou enquanto eu escrevia estas páginas, como acontece toda vez que minha caneta encontra o papel. Alguns sionistas importantes e muitos outros me disseram que fui eu quem abriu seus olhos para o significado de Israel. Até Stephen Sizer me culpa por seu sionismo anterior, agora abandonado. Embora minhas mensagens gravadas sobre esse tema correspondam a menos de 2% de todo o meu material disponível, elas parecem ter tido uma influência desproporcional. Na verdade, a certa altura, quando as pessoas começaram a me chamar de "o homem de Israel", parei de falar sobre Israel por um bom tempo, querendo ser conhecido como um professor de "todo o conselho de Deus" (At 20.27 ARC).

Ter enganado tantos cristãos confiantes seria um fardo terrível para minha consciência, sabendo que todos os mestres no corpo de Cristo "serão julgados mais rigorosamente" (Tg 3.1). Só posso implorar aos leitores que não acreditem em nada do que escrevi sem antes ter "examinado as Escrituras", como os bereanos fizeram para testar o próprio Paulo (At 17.11), e não apenas procurado referências textuais. Muitas vezes concluí uma palestra dizendo: "Se você não consegue encontrar tudo isso por si mesmo em sua própria Bíblia, esqueça, pelo amor de Deus". Estou falando sério. Essa é minha rede de proteção!

A história de como eu deixei de ser um turista em Israel para ser um sionista convicto é contada na minha autobiografia.[109] Uma série de aventuras incríveis naquela terra e com aquele povo sem dúvida teve grande influência sobre mim e poderia ser considerada subjetiva e até sentimental. É por isso que mantive o material anedótico fora deste volume e me concentrei em dados bíblicos, apresentados de forma objetiva para que o leitor possa facilmente comprová-los.

Acho que estou pronto para enfrentar as consequências terríveis se estiver errado.

Mas suponha que eu esteja certo? Então criaria a perspectiva de consequências sérias para outros. Israel deixaria de ser um interesse opcional para alguns cristãos, um tipo de entretenimento que pode se tornar uma excentricidade, para tornar-se um tema essencial para todos os cristãos, que estariam intimamente envolvidos em seu destino futuro.

Se a aliança abraâmica ainda é válida, como eu alego, então o povo de Israel ainda pertence ao Senhor e a terra ainda pertence a eles. Além disso, uma cláusula central dessa aliança ainda se aplica — "Abençoarei os que o abençoarem, e amaldiçoarei os que o amaldiçoarem" (Gn 12.3). E imediatamente depois de "farei de você uma grande nação" [NVT], parece claro que o pronome "você" se refere à nação e não àqueles que abençoam ou amaldiçoam o próprio Abraão.

Com muita frequência hoje em dia, uma visão sentimental – não bíblica – de Deus gera a expectativa de que ele sempre abençoe, mas nunca amaldiçoe. No entanto, tanto o Antigo como o Novo Testamento testificam da visão bíblica.[110]

Há alguma evidência histórica que valide esse princípio da aliança? Creio que sim, fatos que testemunhei durante a minha existência. Começo com exemplos de nações que traíram o

---

109. *Not as Bad as the Truth*, sem tradução para o português [Não tão ruim quanto a verdade, trad. livre].
110. A última palavra de Elias no Antigo, Malaquias 4.6 [maldição], e a última palavra de Jesus aos "bodes" no Novo Testamento, Mateus 25.41 [malditos].

CONCLUSÃO – *As consequências*

povo escolhido de Deus.

A Alemanha imediatamente vem à mente. Após sua derrota na Primeira Guerra Mundial, Hitler devolveu à nação a esperança e o orgulho. Tentou, pela terceira vez, construir um "Reich" (reino, império), prometendo que duraria "mil anos".[111] No entanto, em menos de vinte anos, esse reino foi reduzido a escombros fumegantes, após seu suicídio. É provável que ele seja mais amplamente lembrado hoje pelo extermínio bárbaro de seis milhões de judeus inocentes. Foi mera coincidência que a derrota e queda da Alemanha começassem no mesmo ano em que a "solução final" para a "questão judaica" foi posta em ação?

E a Grã-Bretanha? Ao abandonar os judeus na Palestina para o que muitos esperavam ser o seu extermínio nas mãos das nações árabes vizinhas, meu país estava traindo a confiança nele depositada pela Liga das Nações no período entre guerras e quebrando sua palavra ao povo judeu de garantir uma pátria em seu território ancestral. Detalhes completos dessa deslealdade podem ser vistos no documentário *The Forsaken Promise*.[112] Não assista se você não quiser ficar constrangido ou mesmo envergonhado pelos britânicos. Poucos anos após 1947, o Império Britânico se desintegrou. Já chegou a abranger um terço da população mundial, circundou o globo;[113] mas foi rapidamente reduzido a alguns poucos portos marítimos e pequenas ilhas. Outra coincidência? Ou Deus estava dizendo: "Se você não pode cuidar do meu povo, você não pode cuidar de nenhum outro povo"?

A história dos primeiros-ministros britânicos é impressionante. Um após o outro desapareceu da cena política após desapontar o histórico povo de Deus. A lista inclui

---

111. O substituto de Hitler para o "milênio" bíblico!
112. [A Promessa Esquecida, trad. livre]. Produzido pelo Hatikvah Film Trust e dirigido por Hugh Kitson, que também me disse que meu ensino despertou seu interesse em Israel.
113. "O império no qual o sol nunca se põe".

Neville Chamberlain,[114] Anthony Eden,[115] James Callaghan.[116] O exemplo mais espetacular foi Winston Churchill. Depois de uma vida inteira de apoio sionista, ele se voltou contra os judeus no final da primavera de 1945, semanas antes de perder a primeira eleição do pós-guerra. Escreveu uma carta pungente a Chaim Weizmann.[117] A impressão foi que Churchill culpou todo o povo judeu pelo assassinato de seu amigo Lord Moyne no Cairo, pelo Irgun, um movimento de resistência judaica.

Por outro lado, os três primeiros-ministros que permaneceram no cargo por mais tempo no mesmo mandato eram todos sionistas convictos: Harold Wilson, cuja principal publicação, *The Chariots of Israel*, é amplamente desconhecida; Margaret Thatcher, que era membro dos "Conservative Friends of Israel" e que apoiou nossa reunião na tenda de Finchley quando falei sobre a dívida que os gentios têm para com os judeus; e Tony Blair, que inaugurou o Dia Memorial da Lembrança, que é celebrado em janeiro e nos lembra dos horrores do Holocausto.

Tive a oportunidade de falar sobre essas "coincidências", tanto negativas quanto positivas, para um grupo convidado de Membros do Parlamento, de ambos os lados da Câmara dos Comuns, reunidos na residência oficial do Presidente, a convite de George Thomas, posteriormente Lord Tonypandy. Fui parabenizado pela minha coragem, mas o fato é que tenho mais medo de aborrecer a Deus do que as pessoas.

Se tudo isso é evidência da ação do Deus de Israel na esfera política, o que dizer da esfera eclesiástica? Muitos fatores podem explicar o declínio constante da Igreja em números e influência. A transigência tanto na fé quanto na conduta

---

114. E o infame Livro Branco de 1939 restringindo severamente a imigração judaica para a Palestina quando eles mais precisavam.
115. E o fiasco de Suez.
116. Não tenho liberdade para dar detalhes de sua promessa quebrada, mas ele perdeu uma moção de confiança por um único voto alguns dias depois.
117. Como observamos, o homem que salvou a Grã-Bretanha na Primeira Guerra Mundial ao descobrir como fazer acetona, um ingrediente vital para explosivos, a partir da fermentação bacteriana.

CONCLUSÃO – *As consequências*

claramente abalou o respeito e a confiança do público em geral, embora as congregações locais que guardam a doutrina e a ética tradicionais/bíblicas ainda sejam atrativas. Mas elas são a exceção, não a regra. As principais denominações estão relatando perdas ou, na melhor das hipóteses, apenas mantendo os números. A Inglaterra "cristã" é algo do passado.

E agora, ainda temos de lidar com uma onda crescente de antissionismo. O Arcebispo da Cantuária concordou em falar em uma conferência em Jerusalém, patrocinada pelo Centro de Teologia da Libertação da Palestina e denunciar especificamente o sionismo cristão, embora seja preciso acrescentar que a brandura da contribuição de Rowan Williams surpreendeu e decepcionou os patrocinadores. O preletor mais beligerante morreu logo após retornar para casa. Stephen Sizer participou da conferência. Alguns pregadores atacam Israel deliberadamente. Muitos manifestam seu apoio à causa palestina. Talvez a maioria simplesmente ignore o desafio sionista, considerando-o uma distração irrelevante do verdadeiro papel da Igreja.

Como o Santo de Israel se sente sobre tudo isso? Uma indicação reveladora é a descrição bíblica de Israel como "a menina dos seus olhos" (Dt 32.10; Zc 2.8). Embora essa expressão faça parte do nosso vocabulário, poucos entendem seu significado. Mas ela se refere ao globo ocular em si e à íris em particular. É o ponto mais sensível de todo o corpo humano, protegido pela pálpebra, que imediatamente se fecha quando a menor partícula estranha ameaça seu bem-estar. Quando Deus é descrito como o "guardião" de Israel, a palavra hebraica para "pálpebra" é usada, destacando a extrema sensibilidade de Deus quando seu povo é tocado de forma agressiva. Isso também se aplica ao seu povo chamado "cristãos" (Mt 25.31-46), que também são "o povo escolhido de Deus" (Cl 3.12); mas ainda inclui os judeus.[118]

---

118. Como vimos no Capítulo 3.

A BASE BÍBLICA PARA O SIONISMO CRISTÃO

Como geralmente acontece, a verdadeira questão é teológica, e não ética ou mesmo política. A questão não é se cremos em Deus, mas em que tipo de Deus realmente cremos. Há aspectos do caráter de Deus que explicam suas atitudes e ações, mas que estão sendo ignorados ou negligenciados em muitas pregações contemporâneas. Um exemplo óbvio é o seu zelo. Quando foi a última vez que você ouviu um sermão sobre o zelo que Deus tem por seu nome (sua reputação) e seu povo? Depois, há sua justiça, que explica o motivo pelo qual ele abençoa alguns e amaldiçoa outros, cura alguns e mata outros, ama alguns e odeia outros. O que ele sente por nós é muito mais importante do que o que nós sentimos por ele. O que deixa Deus feliz ou triste, contente ou bravo? Quando foi a última vez que você ouviu uma explicação sobre a ira divina, suas causas e seus efeitos sobre os indivíduos e a sociedade?[119]

Uma geração hedonista não quer ouvir sobre essas coisas, então oferecemos um cristianismo condescendente, cujo evangelho se resume em três palavras: "Deus ama você", algo que Jesus e os apóstolos jamais anunciaram.[120]

Acima de tudo, o que está em jogo é a integridade moral de Deus, sua confiabilidade, sua fidelidade. Ele mantém sua palavra? Ele cumpre suas promessas? Ele é totalmente fiel em suas palavras? Vimos que o próprio Novo Testamento aponta que se ele voltar atrás nas promessas que fez a Abraão, nossa esperança de salvação por meio da nova aliança se torna incerta (Hb 6.13-19).

Concluo essa defesa do sionismo cristão fazendo ao leitor duas perguntas simples, porém profundas:

Primeira: Você confia em Deus? Esse Deus verdadeiro e digno de confiança que faz promessas pactuais e as cumpre.

---

119. Leia Romanos 1 para obter evidências de que ele está irado com a Grã-Bretanha agora.
120. Veja meus livros: João 3.16 é a Síntese do Evangelho? (Anchor, 2020) e *The God and the Gospel of Righteousness*, sem tradução para o português [O Deus e o Evangelho de Justiça, trad. livre].

CONCLUSÃO – *As consequências*

Esse Deus que não é homem para que mude de ideia.

Segunda: Você teme a Deus? Pois ele é tão consistente, tão justo, tão absolutamente reto, julgando a todos imparcialmente, sem favoritos, acima de todo suborno e corrupção. Um dos textos mais frequentemente citados na Bíblia é: "O temor do SENHOR é o princípio da sabedoria" (Pv 9.10), mas poucos que o citam percebem que "SENHOR" em letras maiúsculas é o substituto em inglês do nome hebraico para Deus (JHVH, pronunciado "Yahweh"), conforme o próprio Deus se apresentou aos israelitas. Então nossa pergunta final se torna: Você teme o Deus de Israel? Eu temo.

APÊNDICE
O sermão de John Stott

Ao permitir que Stephen Sizer incluísse um de seus sermões não publicados, John Stott não está apenas emprestando seu nome, mas implicando sua aprovação do ponto central da tese de Sizer. De fato, há pouca diferença entre a atitude de ambos em relação a Israel.

O elemento mais óbvio é a diferença de tom. A escrita de Stott parece mais razoável. No entanto, isso não esconde sua concordância fundamental em conteúdo.

O uso do nome "Israel" por Stott diz tudo. Admitindo que "antigamente 'Israel' era uma designação física, a saber, os descendentes de Jacó", ele afirma que, "hoje 'Israel' é uma designação espiritual, a saber, os crentes em Jesus, sejam eles descendentes de Jacó ou não". Esse, é claro, é o princípio básico da Teologia da Substituição.

Ignorando mais de setenta referências a "Israel" no Novo Testamento, todas claramente com o sentido "étnico", ele se concentra na única exceção possível (Gl 6.16), que pode ser aplicada à Igreja se substituirmos a palavra "e" por "ou seja". Não é típico de um estudioso tão cuidadoso construir tanto sobre uma fundação tão frágil.

Sua conclusão é que o "verdadeiro Israel" não é composto "nem por judeus nem por israelenses", mas pelo povo de Jesus, os crentes no Messias.

No entanto, ele reconhece a continuidade da existência do que ele chama de "Israel físico", ao lado do "verdadeiro Israel espiritual". Ele nem parece constrangido em chamá-los de "Israel". E acredita que Deus tem um futuro "especial" para o Israel físico.

Ao contrário de Sizer, ele interpreta "Israel" em Romanos 11.26 com um sentido étnico, como certamente significa em 11.25 e em todo o capítulo, assim como muitos estudiosos bíblicos, se não a maioria deles, o fazem. Corretamente, ele espera "uma ampla conversão de judeus a Cristo".

Mas — e este é um grande "mas" — esse "futuro especial" é inteiramente espiritual, jamais físico. A terra uma vez prometida a eles é totalmente irrelevante. Os planos de Deus para eles como um povo exigem continuidade de existência e identidade, mas sua localização é indiferente. Seu retorno ao seu lar ancestral não tem qualquer significado teológico ou bíblico.

Como outros antissionistas, ele aponta que as profecias do Antigo Testamento vinculam um retorno à terra com um retorno ao Senhor, acrescentando que é difícil ver como o Estado secular de Israel pode ser visto como um cumprimento. Ele ignora uma característica dessas profecias – que o retorno ao Senhor seguiria o retorno à terra – e um fato: que desde 1948 o número de israelenses que creem em Jesus disparou de algumas dezenas para dezenas de milhares.[121]

Stott diz "Deixo de lado as considerações políticas" e prontamente passa a incluí-las! Ele acrescenta, a título de "exemplo", que está excluindo "as graves injustiças que foram feitas aos palestinos e o risco de uma maior expansão israelense". Nenhuma menção a mísseis palestinos ou homens-bomba.

Em uma de suas gravações em vídeo, Stott chamou Jesus de "um palestino". Além de ser um anacronismo, pois o nome Palestina nunca tinha sido ouvido naquela época, é uma afirmação extremamente dramática no conflito contemporâneo e pode até mesmo levar jovens convertidos sem instrução a pensar que nosso Senhor era árabe. Eu esperava que esse fosse um mero deslize, mas agora não tenho tanta certeza.

No entanto, Stott condena todo antissemitismo, confessando que a Igreja cristã tem sido responsável por grande parte dele.

---

121. E isso aconteceu na diáspora também no mesmo período.

APÊNDICE – *O sermão de John Stott*

Como Sizer, ele vê o antissionismo como algo bem diferente. Ele também reconhece livremente a dívida que os cristãos têm com os judeus: as Escrituras, os apóstolos, o próprio Salvador.

Quando se trata de expor textos específicos, Stott enfrenta dificuldades, apresentando algumas explicações incomuns, até mesmo bizarras.

Lucas 21.24, interpretado ao pé da letra, é uma predição de Jesus sobre o futuro da cidade de Jerusalém: um dia ela será libertada do ataque e ocupação por forças gentílicas e se tornará novamente a capital judaica. Para Stott, "Jerusalém" não se refere à capital judaica, mas a "toda a ordem mundial atual", que será encerrada antes do retorno de Jesus. Essa afirmação surpreendente é parte de seu entendimento de que o Anticristo e o falso profeta não são pessoas, mas forças sociais.

Sobre Apocalipse, ele interpreta a multidão em 7.9 como "a plenitude dos judeus e a plenitude dos gentios", ignorando os seis primeiros versículos daquele capítulo que falam da proteção e preservação das doze tribos do Israel étnico simultaneamente.

Ele aceita que Deus não rejeitou Israel (Rm 11.1) e imediatamente acrescenta que "a rejeição de Deus a eles" não é definitiva!

Mas essas são meras sutilezas. Talvez o cerne da posição de Stott seja sua declaração de que "os autores do Novo Testamento aplicam a Cristo tanto as promessas da semente quanto a promessa da terra (feitas a Israel por meio dos patriarcas Abraão, Isaque e Jacó)". Ele pode se referir a Gálatas 3 para associar Cristo com a semente, mas decisivamente não oferece referências para identificar Cristo com a "terra". Não há nenhuma.

Ele não comenta Romanos 11.29, que categoricamente afirma que os dons de Deus aos patriarcas são "irrevogáveis". O dom mais importante entre eles era a terra prometida.

Em resumo, é uma grande pena que esse sermão tenha sido publicado e usado para reforçar o ataque contundente de Sizer aos sionistas cristãos.

www.ingramcontent.com/pod-product-compliance
Lightning Source LLC
Chambersburg PA
CBHW052055070526
44584CB00017B/2187